国家自然科学基金项目（71472144）
教育部人文社会科学研究西部和边疆地区项目（14XJA630004）
西安市科技计划软科学项目[2017110SF/RK004-(6)]
陕西省软科学研究计划项目（2019KRM006）

联合资助

Knowledge Power Distribution and
Innovation Network Governance

知识权力分布与创新网络治理

谢永平◎著

科学出版社

北 京

图书在版编目（CIP）数据

知识权力分布与创新网络治理/谢永平著. —北京：科学出版社，2019.4
ISBN 978-7-03-061118-5

Ⅰ.①知⋯ Ⅱ.①谢⋯ Ⅲ.①知识经济-应用-企业管理-技术革新-研究 Ⅳ.①F273.1

中国版本图书馆 CIP 数据核字（2019）第 080980 号

责任编辑：石 卉 刘巧巧 / 责任校对：贾伟娟
责任印制：徐晓晨 / 封面设计：有道文化

科 学 出 版 社 出版
北京东黄城根北街 16 号
邮政编码：100717
http://www.sciencep.com

北京虎彩文化传播有限公司 印刷
科学出版社发行 各地新华书店经销
*

2019 年 4 月第 一 版　开本：720×1000 1/16
2020 年 1 月第二次印刷　印张：13
字数：260 000
定价：78.00 元
（如有印装质量问题，我社负责调换）

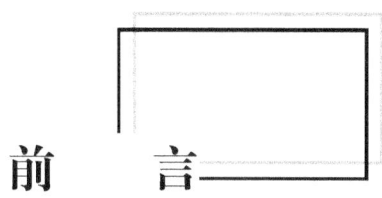

前　言

　　当代社会经济发展中，由于技术的飞速发展，企业技术创新活动日益复杂、研发经费日益庞大，企业完全依靠自身力量取得技术创新成功难度越来越大，绝大多数的技术创新都需要通过合作才能完成。创新网络作为实施这些技术创新活动的重要组织形式，已经受到了普遍的重视。世界知名公司大多通过大量创新网络来组织实施技术创新。通过这种合作创新形式，这些公司在技术创新中取得了战略、技术、经济收益及风险控制等方面的显著成效，使得创新网络这种合作创新形式引起广泛重视。然而，必须注意的是，尽管有许多成功案例，但创新网络的失败率也相当高，其根本原因在于网络治理的失败，这已经成为学者们的共识。

　　现有研究在网络治理方面进行了大量工作，而且也已经意识到权力在网络治理中的重要作用。但从研究现状来看，网络治理研究对象较多地集中于战略联盟、供应链、企业生产网络等，这些网络组织形态均是以实物或资本为纽带的网络组织。本书认为，对创新网络这种高度松散的组织的有效治理，应建立在对于其组织间关系深入认识的基础之上。在创新网络中，最为核心的资源就是知识，而企业间的知识资源是相互依赖的，这种依赖关系形成了企业间的权力关系，从而产生了企业的知识权力。本书首先对创新网络中的知识权力进行了界定，在此基础上，重点分析了知识权力在创新网络中的分布、核心企业在网络治理中的重要作用以及知识权力在网络治理中的作用方式,结合对创新网络治理目标以及信任在网络治理中的重要作用的具体分析,建立了创新网络知识权力分布-知识权力使用方式-网络治理目标的理论模型,提出相关假设,并通过实证分析检验了研究假设。本书从创新网络知识权力依赖的本质出发,探讨网络化合作研发的内在规律,对于把握创新网络治理的内在本质,更有效地开展网络治理活动,维护创新网络稳定健康运行,提高网络整体绩效有着重要的理论与现实意义。

本书的主要新意在于:

第一,从知识权力依赖的角度剖析创新网络组织间关系,建立创新网络治理的理论基础。本书认为,知识资源是创新网络中的唯一核心资源,从而将创新网络组织间权力依赖关系建立在核心知识存量与知识能力的差异之上。本书在这方面的工作为创新网络的治理提供了一个新的理论视角及分析工具。研究发现,知识权力及其在创新网络中的不均衡分布是决定创新网络治理中治理主体选择治理方式的主要因素。

第二,引入权力距离这一概念对网络知识权力分布进行刻画。本书界定了网络知识权力距离的概念,从而从知识权力集中度和知识权力距离两个方面对创新网络知识权力分布加以描述,这弥补了以往基于权力的视角研究网络治理只关注核心企业而忽视了非核心企业作用的缺陷。研究发现,不仅网络治理的方式会对治理目标产生显著影响,而且知识权力的分布状况本身也会对治理目标的达成产生影响。过度的权力集中以及权力距离过大对于创新网络的协调均会有不同程度的消极影响。

第三,在网络治理中的知识权力作用方式划分上具有新意。本书从创新网络内部合作行为主要是知识活动这一特征出发,结合权力的现实表现,将知识权力作用方式划分为知识控制和学习引导两类。这有利于从根本上把握创新网络治理的特殊性,揭示知识权力作用下创新网络治理的内在规律。研究发现,知识控制这种治理方式的使用并非只对治理结果产生不良影响,只要使用适度,就不会对创新网络合作关系产生危害,反而可以产生积极的效果,而学习引导这种治理方式始终在创新网络治理中发挥着积极作用。

第四,同时考虑了知识权力分布、治理方式与网络治理绩效之间的关系,并将信任作为重要的调节变量引入。本书将网络治理方式、信任、治理目标纳入统一的分析框架,完善了现有研究。研究发现,信任会显著增强学习引导对知识共享、创新独占及网络稳定的积极影响;信任也会明显降低知识控制对创新独占及网络稳定的不利影响,降低知识权力集中度对于网络稳定的不利影响,且会强化知识权力距离对于创新网络稳定的积极影响;但信任不能降低知识权力集中度、知识权力距离以及知识控制对知识共享的不利影响。

本书弥补了已有研究的一些不足,在一定程度上丰富和拓展了创新网络治理现有的理论研究,在实践上对创新网络中治理方式的有效选择也具有借鉴意义。

本书得到了国家自然科学基金项目"核心企业领导力及在技术创新战略联盟中的作用机理研究"(71472144),教育部人文社会科学研究西部和边疆地区项目"核心企业领导力对技术创新战略联盟绩效的影响机理研究"(14XJA630004),西安市科技计划软科学项目"西安全面创新改革试验问题研究——基于核心企业带动的西安军民融合产业集群发展研究"[2017110SF/RK004-(6)],陕西省软科学研究计划项目"陕西军民融合产业集群发展路径研究"(2019KRM006)的联合资助。西安理工大学党兴华教授对本书写作进行了指导,北京化工大学孙永磊副教授对本书同样具有贡献。

谢永平

2019年3月1日

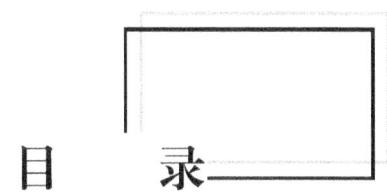

目　录

前言

第一章　理论基础及概念解析 ·················· 1

　　第一节　创新网络治理及目标 ················ 2

　　第二节　创新网络知识权力 ················ 16

　　第三节　网络权力分布与网络治理 ············ 29

　　第四节　权力视角下的网络治理主体与治理方式 ···· 38

　　第五节　述评 ························ 55

第二章　概念模型及研究假设 ················ 59

　　第一节　相关概念界定 ·················· 60

　　第二节　概念模型的建立 ················ 69

　　第三节　研究假设的提出 ················ 75

　　第四节　小结 ······················ 93

第三章　实证研究设计 ···················· 95

　　第一节　问卷编制 ···················· 96

　　第二节　样本选择 ···················· 103

第四章　数据处理与分析 …… 111

第一节　数据的描述性统计 …… 112
第二节　变量测量量表质量检验 …… 113
第三节　变量测量的效度 …… 122
第四节　变量测量的信度及共同方法分析 …… 130

第五章　实证研究结果与分析 …… 133

第一节　统计分析方法与过程 …… 134
第二节　潜变量中介效应和调节效应的检验方法 …… 138
第三节　结构方程模型分析 …… 149
第四节　假设验证结果 …… 158
第五节　结果讨论 …… 159

参考文献 …… 165

附录 …… 191

调查问卷 …… 192

第一章
理论基础及概念解析

第一节　创新网络治理及目标

一、创新网络及治理

对于创新网络①的定义各学者虽然表述不同，但核心观念还是一致的。

张首魁等（2006）认为，技术创新网络由多个企业及相关组织组成，以产品或工艺创新及产业化为目标，以知识共享为基础，以现代通信技术为支撑，是一种松散耦合的动态开放新型技术创新合作组织。网络内成员在新产品开发、生产和商业化过程中，共同参与创新活动，实现创新的开发与扩散。

Nelson 和 Winter（1982）提出，技术创新网络的形成和出现基于组织内部对新产品、新工艺和新服务的知识的感性需要，任何技术创新网络都是在由制度化向组织化逐渐转变的市场交易活动中形成的。

Dooley 和 O'Sullivan（2007）将技术创新网络界定为包含在产品创新过程中的网络组织。该网络组织是由一些自治的和法律上平等的组织通过持久的商业联系构成的系统。他们同时指出现代技术创新活动最大的特点是不确定性和复杂性，主要包括市场、技术（或者知识）、组织的不确定性和复杂性。

黄玮强等（2009）认为，技术创新网络是为了应对系统型技术创新中的不确定性和复杂性，由具有互补性资源的参与者通过正式或非正式合作技术创新关系连接形成的网络组织。

---

① 本书中所指的创新网络等同于技术创新网络。

Wegner 和 Padula（2010）认为，成员企业为了获得最佳结果必须考虑应该采用什么样的治理结构和机制。所谓的治理是指一系列的规则、约束条件等，而治理机制则用于协调组织成员之间的关系。在网络组织的内部管理中，治理的作用是很重要的，因为管理者这个角色代表着其他成员的利益。网络治理与企业治理的区别在于网络治理的成员都是企业，而企业治理的成员都是个体。在一个合作网络中，治理结构是企业在参与网络筹划时讨价还价的结果。

de Reuver 和 Bouwman（2012）对移动公司在价值网络中的服务创新治理机制的研究中指出：在服务的发展阶段，基于权力的治理方式处于主导地位。在这个阶段服务的概念比较模糊，还处于争议阶段，成员企业不能证明自己有服务的能力，所以他们认为正式的合同会阻碍创新。因此，基于合同的治理方式在这个阶段并不是很突出。并且由于企业之间的不信赖，信任度也比较低。在服务的推展阶段，基于合同的治理处于主导地位。随着企业之间互相依赖程度的逐渐平衡，信任度逐渐上升，基于权力的治理方式逐渐弱化。在服务的成熟阶段，即商业化阶段，企业之间收入共享，关于服务水平的协议变得至关重要，因此，在这个阶段基于合同的治理方式最重要。企业之间信任度达到最大化，基于信任的治理也很重要。这个阶段的服务基本是一些常规活动，不需要强制性权力的制约，因而基于权力的治理方式只起辅助作用。

Provan 和 Kenis（2008）提出一种最简单的治理方式：利益共同体共享模式。在这种模式下，治理决策来自有所有成员企业代表参加的正式或者非正式会议。这种治理模式的优点在于决策是所有成员企业共同参与制定的，但缺点是效率比较低。并且这种模式比较难维持，因为它更倾向于在成员企业比较少的网络中起作用。

Dyer 和 Chu（2003）认为，相互信任交易是一方在与另一方交换时相信对方不会利用自己的弱点。①战略网络之间的相互信任是指在面对未来不确定性时，网络节点之间通过博弈而建立起彼此相互信赖的关系，并确信没有一方会利用其他节点的脆弱点而获取网络利益的信心和预期。②协调是网络治理的基本目标，也是网络治理的一个重要机制。战略网络的协调是指核心企业为了使战略网络和各个节点获得比原来更多的利益，通过各种正式制度与非正式制度进行的协调。③战略网络的整合是指战略网络核心企业通过建立合理的权力体系，使原先松散的网络结构在网络的共同愿景与目标之下，结成有机整体，优化网络资源。

Heupel（2008）研究了层级治理模式和软治理模式下强制性和协商性治理行为，认为其主要包括监控与制裁、命令或批评、能力构建、规则解释和说明。

杨慧（2006）认为，层级治理在组织内部以控制为导向，市场治理在组织的双边关系中以交易为导向，它们都以个体的经济理性为基础，其治理机制无法适应产业集群组织集体行为的复杂性、灵活性和系统性，在产业集群中的治理效能是有限的、局部的。而网络治理利用集体理性及所形成的互动与信任的网络组织来代替个体理性及所形成的控制与激励的层级系统，在连接、协调、维护经济活动方面都具有市场治理和层级治理不具备的优势。

Yoon 和 Hyun（2010）在文章中讨论让社会和体制机制对网络治理的影响嵌入在非合同和社会关系中。网络治理的社会机制会强化在不确定性条件下复杂的任务所需的合作行为。

de Freitas Dewes 和 Padula（2012）考察了影响横向业务发展和效益的两个重要因素：网络治理和管理，并对三个横向零售商网络进行个案研究，了解其网络结构和内部治理机制。在所研究的案例中,业务网络的增长和效益的提高要求治理结构发生改变,并需要伴随更多的专业网络管理人员。

Vurro等(2009)在研究可持续治理模式时提出了可持续供应链治理(SSCG)模型框架。他们展示了核心企业如何发挥其网络影响力协调供应链的综合发展。此外,他们也对可持续供应链治理模型的成功和在不同结构背景下的企业所获得的优势条件进行了讨论。

Provan和Kenis(2008)通过对之前治理方式的改进又提出一种新的治理方式:网络行政组织(NAO)。也有学者将其称为三方规制结构。在这种结构中,成员企业可以互相合作,但是关键的决定和活动是由一个独立实体决定的,这个实体可以鼓励成员企业合作,也可以限制它们。这个模式的缺点是网络成员可能会过于依赖网络行政组织,并且决策制定过程会偏向官僚化。

Albers(2010)在分析网络间关系的治理时从结构和关系两个维度入手。在结构方面,其主要特征是成员企业之间的合作是规范化的,例如网络活动的正规化、专业化治理的规则化等。从关系角度来说,网络治理主要的任务是管理、组织、调节以及对网络的控制,并最终实现网络的整体利益。这个维度包含协调、激励、控制机制。协调机制包括对成员的监督,将过程标准化;激励机制用于改变成员行为从而实现最终的协议目标;控制机制是指对成员与预期结果和行为有关的企业绩效监测和评估过程的控制。

任志安(2006)指出,知识网络的治理机制包括基于契约和能力的治理、优先治理、知识治理和信任治理。

高洁等(2007)认为,对企业技术创新网络的治理机制来说,实际上就是契约付诸实施的具体体现,并且归纳出四种技术创新网络的治理机制:信任机制、共同抵押机制、权力机制以及激励机制。他们认为这四种治理机制相辅相成,相互影响,缺一不可。

权力机制与共同抵押机制属于强制力、控制力，目的是抵御网络所面对的风险，规范成员行为，维持网络的稳定性。信任机制与激励机制属于非强制力，也即感召力、影响力，目的是维持网络成员的积极性以及网络本身的生命力与活力。

史会斌和李垣（2008）指出，关于技术创新网络治理机制的研究逐渐表明，复杂组织中治理机制体系的构建，应强调各种治理机制之间的交互作用，以达到治理机制体系的协同治理效应。不同的治理机制有着不同的作用，也各有利弊。而不同的治理机制之间存在交互关系，这种交互作用可能表现为整合、替代和互补性。作为治理机制体系，各个治理机制之间通过交互作用形成互动，不断的互动反过来又进一步强化了相互之间的交互关系，而互动的结果产生协同治理效应。

Bosch-Sijtsema 和 Postma（2009）主要探讨在合作创新项目中企业之间的能力共享以及对合作网络的治理方式。他们认为，合作关系中的治理解决的是由于机会和企业之间的依赖而产生的关系风险。主要的治理方式有合同机制和信任机制。同时指出四种创新网络治理机制，并说明每种治理机制的优点。①基于合同和价格的治理机制，这种机制下企业之间竞争激烈，在知识共享中关系密切但不透明，最终能达到单赢；②纯粹的基于相互信任关系的治理机制，此机制对网络而言是开放的、透明的，是一种微小的共赢模式；③信任与标准合同双管齐下的治理机制，这种机制的优点是在概念化和开发阶段比较开放和透明，同时达到在这个阶段的共赢；④3D模式下技术知识共享中的信任与合同的治理机制，此机制的优点是在整个项目阶段都是开放和透明的，并达到所有企业的共赢。

网络组织的形成具有自发性和随意性，因此需要有效的网络治理。目前有关网络治理的研究主要包括网络治理方式、网络治理行为等。

Provan 和 Kenis（2008）根据网络治理是否需要主体以及主体来自外部还是内部等维度，将治理的组织方式分为三类，即共同治理、核心企业治理和第三方治理，并研究了不同情境下网络治理方式的演化。

Rampersad 等（2010）发现信任在管理创新网络中具有重要的作用，并指出在管理创新网络时可以通过设计和协调跨部门组织的创新举措来促进企业之间的合作和整个网络的和谐。

de Reuver 等（2009）提出组织间价值网络的治理。他们的研究分析了国际移动互联网服务运营商、内容提供商和应用开发商之间的调查范围，指出这是极其复杂的组织间网络。在开发服务概念和技术的早期阶段使用了基于权力的治理；在实现、推出和商业化过程中使用了基于信任的治理；而以合同为基础的治理在实施和转出过程中最为常见。将三种治理机制（即基于权力的治理、基于合同的治理、基于信任的治理）看作非互相排斥的治理维度。

可以看出，现有关于网络治理的研究涉及对治理机制的不同划分，角度较多，对于治理主体的认识并不统一。

二、创新网络治理目标

创新网络中，许多企业因为共同的创新目标而进行一系列的竞争与合作。纷繁复杂的互动关系，既是创新活动进行和网络进化升级的驱动力，同时也会因多方博弈而产生各种摩擦和机会主义问题。核心企业的一个很重要的目标便是协调和控制各成员的行为，使其围绕共同的目标展开积极健康的合作，因此，核心企业对于创新网络的治理显得尤为重要。

对于创新网络的治理目标，Goerzen（2005）在研究企业联盟网络时指出，企业联盟的治理中一个很重要的内容便是核心企业需要明白对于联盟企业的合作与竞争如何作出回应及应该怎样去做，其目的是稳定联盟网络，提高网络的运行效率。

Dhanaraj 和 Parkhe（2006）在其研究内容中归纳出了技术创新网络治理的三个目标：推动网络内的知识流动，维持创新成果的独占性和创新网络的稳定性。他们还指出，技术创新网络的治理是在核心企业的主导下进行的，核心企业通过自身对于网络成员的影响力，指导其他企业行为，从而达到上述的目标。

Keast 和 Hampson（2007）在研究创新网络的构建与控制时指出，创新网络治理中一个很重要的内容是对于成员间关系的治理，组织间关系导向应该是社会或者集体关系导向，整合的机理应该是信任，成员之间联系紧密、互惠互利，从而提高网络整体的运行效率。

Nooteboom 等（2007）认为网络治理的问题中，一个很重要的内容便是关系风险的管理与控制。创新网络中关系风险主要是成员间的关系维持与关系扩大，对于不同的关系风险需要运用不同的治理方式。

Gausdal 和 Nilsen（2011）提出了一个新的创新网络治理目标框架，那就是创新网络治理需要关注网络知识流动、网络创新成果专有、网络稳定性以及网络范围、健康程度以及活力。

Whelan（2007）在研究电子企业网络时指出，在信息社会网络中，知识是企业最宝贵的财富，企业越来越多地关注网络中有助于知识流动的治理机制。电子企业网络作为一种特殊类型的信息网络，同样需要加强网络中的知识流动。

任志安（2008）指出，知识流动可以使网络中的主体之间的相互连接产生价值增值。在知识共享的条件下，网络中各个知识主体间进行的知识流动与分享所产生的价值超过了他们各自价值利益的总和。

创新网络的创新成果需要保证质量,而在Ooi等(2012)的研究中,网络中成员间的培训、学习发展、顾客关注以及团队合作都需要知识流动与分享的支持,并且全面质量管理的公司需要建立起良好的知识共享的能力与竞争力。

Leiponen和Helfat(2011)指出,在研发企业的创新过程中,知识资源的外部采购与内部流动起到了很关键的作用,知识资源在企业战略的制定与实施中起到了很关键的作用。

Regnér和Zander(2011)在研究跨国公司网络中指出,知识的转移与开发在跨国公司的发展过程中起到了很关键的作用,企业的组织结构以及发展战略应该能够很好地促进组织中新知识资源的开发,同时组织中应该有相关的知识流动机制。

Håkanson(2010)指出,在以知识为基础的企业群落中,企业管理知识的成本取决于合作伙伴对于隐性知识的认知程度,企业应该提高隐性知识的整合与一体化,知识在群落范围内可以进行交易,但往往通过知识衔接与共享能够获取更为有效的收获。

Gooderham(2007)指出,占有知识资源的企业更具有国际化的潜力,同时需要良好的知识转移与流动能力。跨国公司网络中需要很高程度的知识流动,因此,知识资源的流动在跨国公司的发展中起到了很关键的作用。

Lichtenthaler(2008)认为,一个公司需要有在公司边界之外保留知识资源的能力,同时企业应该与周围环境网络中的合作伙伴有知识与信息的交换,企业也应该通过战略的建立来支持知识的保持与交换。

Nicolopoulou(2011)指出,企业应该建立良好的知识转移方式以及管理机制,从而使得企业能够在社会责任与可持续发展方面收获良好的成果，知识工作者的流动与想法对于企业发展起到了很关键的作用。

Nicolopoulou（2011）认为，在成功的企业个体中，隐性知识的特性使得它们能够在企业中得到很好的转移与共享，同时根据功能的不同，这些知识被分为组织知识以及技术知识。

Hendriks（1999）在研究中指出，知识的分享是知识管理中的重要内容，组织中的知识能够使组织实现其价值。例如，经济效益以及竞争力、知识的分享与流动促进了组织中信息、技术的传递，为组织解决发展中遇到的问题提供了有效帮助。

Chiu 等（2006）认为，对于一个企业群落来说，最大的挑战就是知识的供应以及成员间对于知识共享的意愿。高的知识共享水平能够很好地促进企业群落的发展，提高企业成员的积极性。

Ipe（2003）认为，知识资源是组织中最重要的战略资源，因此对于知识流动与分享的管理是组织的首要问题。同时，组织的管理者需要很好地了解知识的创建、分享以及使用方式，从而更好地利用自身所拥有的知识资源。

Yang（2007）在研究中发现，网络中成员之间积极的合作能够很好地促进知识的分享。在这种情况下，核心企业与其他网络成员之间的知识共享呈显著的正相关，而核心企业通过监视等控制行为则会损害网络中的知识共享。

Seba 等（2012）在研究迪拜警察行为时指出，知识共享能够很好地帮助警察网络及时处理事务，提升他们的行为效率。同时，他们认为组织中影响知识共享的主要因素有四点，分别是组织规模、领导行为、时间分配以及相互信任。

Wang 等（2014）认为，网络中核心企业对于其他网络成员行为的评价与奖励能够很好地促进网络中的知识共享与流动，同时网络中知识共享还受到成员自觉性、个性以及网络开放性的影响。

Gooderham 等（2011）认为，增强企业中知识的转移与流动是拓展企业社会能力的一个重要内容，这样能够很好地提升企业的竞争力。同时，他们指出，对于企业的知识转移与流动需要有相应的知识治理机制来进行调节与管理。

Wahab 等（2009）在研究中指出，知识、技术的转移是一个企业或组织发展中必须重视的问题。知识、技术的转移能够很好地构建出知识和技术拥有者与接收者之间的合作关系，建立可靠的战略联盟，同时有效提高双方的知识水平与技术能力。

通过以上的叙述可以看出，知识的流动与分享在企业以及企业网络的发展中起到了非常重要的作用。在创新网络中，知识的流动与分享能够很好地提升成员企业的技术创新能力，加强核心企业与其他成员企业间的信息交流与互动，从而很好地处理技术创新过程中的突发事件，提高创新网络的运作效率，有效地保证技术创新成果的顺利开发。因此，对于创新网络的治理目标，一个很重要的内容就是保证网络中知识的流动性。

在创新网络治理的目标中，另一个很重要的内容便是维持网络中的公平与成员间的信任，防止成员机会主义的行为产生。

Das 和 Kumar（2010）研究了企业联盟中机会主义的形成、运作，提出企业联盟中必须对成员的机会主义行为进行有效的监管与预防，防止其在成员之间推广以及产生负面结果，保持成员间的相互信任以及网络的公平性。他们认为，对于机会主义行为的动因，需要得到有效的控制，并且应该以预防为主。

Malhotra 和 Lumineau（2011）认为，在网络中，核心企业需要重视信任与合作等问题。同时，他们认为，通过控制手段可以很好地提升网络的竞争力，但是损害了成员之间的相互信任，减少了成员之间的合作意愿。

Bierly 和 Coombs（2004）认为，网络中的不公平现象和地位差距会影响到网络的绩效产出以及稳定性，同时在这种情况下成员更有可能产生机会主义的行为，因此，对于企业联盟来说，核心企业需要保持联盟中成员之间的公平。

Karttinen 等（2008）指出，在创新网络的治理中需要关注成员之间的信任以及承诺，保证网络成员之间存在良好的沟通以及合作，防止成员出现损害网络利益的机会主义行为，构建健康有效的创新网络。

Lammers 等（2009）认为，在创新网络中，企业需要从创新成果中获取收益，因此核心企业需要公平分配这些利润，同时对于网络中成员的擅自模仿、搭便车行为以及向竞争对手提供相关创新知识信息的行为进行有效的防治与解决，保证网络中成员之间的相互信任以及满意度。

Hurmelinna-Laukkanen（2012）认为，在创新网络的治理中需要对创新成果的分配进行有效的保护，核心企业应该有效地防止其他企业的"搭便车"以及机会主义的行为。同时，他指出这种治理需要核心企业联合其他网络成员共同开展，杜绝任何损害网络整体利益的行为出现，有效地保护创新网络的成果收益。在网络中，成员对于核心企业的支持、承诺与信任和网络的创新绩效有着直接的正相关关系，核心企业通过加强网络成员间的相互信任以及合作能够很好地实现网络的创新目标，提高网络的创新能力。

Das 和 Kumar（2010）认为，企业战略联盟中不同企业之间的文化差异以及在联盟运行过程中遇到的突发问题，使得联盟中很容易出现各种问题。这些问题如果不及时解决，很容易影响成员之间的合作关系，使得成员之间利益受损，彼此信任度缺失，联盟不稳定。因此，在企业战略联盟发展过程中必须很好地解决这些问题。

Mitręga 和 Zolkiewski（2012）在研究供应链成员间关系时指出，与供应者之间过度紧密的关系可能会使双方忽视与其他成员之间的合作，导致企业与外部联系不够，在双方合作遇到问题的时候就很难找到解决办法。

Smith（2008）认为，企业联盟中可能会出现成员之间的信任问题以及联盟的风险问题。因此，在企业联盟的治理中，一个很重要的内容就是提升成员之间的信任度，加强成员之间的关系，同时致力于减少网络中关系以及绩效风险，保证联盟的顺利发展。

Mitręga 和 Zolkiewski（2012）在研究供应链管理时指出，交易风险能够影响购买者对于合作伙伴的选择以及对于知识共享程度的感知。因此，在供应链管理中，一个很重要的内容就是降低购买者与供应商之间的交易风险。

Nicolaou 等（2011）指出，在企业战略联盟的发展中，企业应该较多地合作，建立资源共享平台，共同承担联盟中的风险。联盟中的管理者应该努力在联盟中营造良好的合作关系，根据成员的实际情况，合理分配联盟收益与绩效，保证联盟的稳定与发展。

Gausdal 和 Nilsen（2011）认为，网络中需要进行信任的构建，在相互信任的条件下，网络如果能够很好地开展创新活动，成员之间出现机会主义以及投机行为的可能性就会降低，网络的新加入者也能很好地融入其中，成员之间相互依赖程度较高，有效地保证了网络绩效的产出。

通过以上的叙述可以看出，在创新网络的治理中，核心企业的一个很重要的目标便是维持网络中成员之间的信任与合作，防止机会主义以及搭便车等损害网络利益行为的出现，保证网络的公平与繁荣。这样便能很好地激励网络成员在创新任务中放心投入资源与精力,有效保证网络的创新绩效。

对于创新网络来说,稳定的网络特性能够很好地帮助其取得成功并且持续发展。Das 和 Teng(2000a)在分析企业战略联盟不稳定性时指出,一般的企业联盟不稳定率达 30%~50%,企业联盟很难维持很长的时间。

梁家强和万迪昉(2008)认为,从交易成本理论来看,信息的不对称使得联盟成员可能会产生机会主义的行为,成员之间合作缺乏信息,从而导致成员对于联盟资源投入的减少,影响联盟的稳定性,对联盟的顺利运行造成风险。

Kale 等(2002)指出,企业联盟需要对影响其长期发展以及成功的因素做很细致的考虑,因此对于企业联盟来说,管理者应该重点管理联盟的长期绩效,保持联盟的稳定性,警惕企业成员的异常收益,也就是成员的机会主义行为。

Ritala 等(2009)认为,稳定的网络环境能够帮助创新网络成员企业培养良好的沟通技能以及学习专业知识,使核心企业能够很好地处理创新过程中出现的各种内外部事宜,协调各方之间的关系与利益,从而网络成员能够认可并且尊敬核心企业的地位与权力。

Busquets(2010)在研究智慧商业网络时认为创新需要组织构建出动态稳定的结构,从而能够很好地帮助核心企业行使自身的权力。他提出通过管理网络的动态性、网络边界以及网络数字平台能够促进网络创新效率的提高。

Nambisan 和 Sawhney(2011)认为,创新网络中核心企业需要对网络的创新过程进行控制,其中包括创新资源的充分利用,创新过程的连贯性,网络成员的数量、规模、相互关系,网络中知识的流动,网络的稳定性以及网络创新成果的专有性。

Karttinen 等(2008)在研究中指出,需要保证创新网络是动态的，在网络中，成员之间需要进行较多的相互学习，以增强网络的创新潜力，因此，构建稳定的创新网络能够很好地实现这些目标。稳定的创新网络能够很好地促进网络的优化以及网络学习，同时动态稳定的网络以及合理的规模能够很好地提高成员之间的相互信任以及减少网络中机会主义行为的产生。

Bergenholtz 和 Goduscheit（2011）指出，创新网络需要一种动态而又稳定的结构，不同的网络结构适用于不同的治理方式。

Morgan 和 Hunt（1994）认为，在创新网络的治理中需要保证网络的稳定性，核心企业必须防止其他成员被孤立以及加入其他创新网络之中。因此，核心企业需要加强同其他网络成员的联系，促进网络成员之间的合作，鼓励网络中成员的多样性。

Ritala 等（2009）在研究移动电视产业时指出，创新网络的治理中一个很重要的目标就是保证网络的稳定性，稳定的网络环境能够很好地消除创新过程中的障碍，支持创新成果的顺利产出。

Fang 和 Pigneur（2010）在研究中国软件园工业的技术创新时指出，稳定的创新网络能够很好地帮助网络中企业吸收创新知识，同时有效提高网络绩效水平，促进成员之间的合作，提升网络整体的竞争力。

Mueller（2012）认为，在管理网络的过程中，一个很重要的内容就是保持网络的稳定性。在稳定的网络中，网络的属性就能够很好地得到发挥，同时网络中的激励机制也能很好地得到贯彻，从而保证网络成员的积极性以及网络的绩效。

Bergenholtz 和 Goduscheit（2011）指出，网络治理与网络的结构有着密切的关系，对于网络的治理必须保证网络的结构是动态稳定的，因此，保持网络的稳定性是网络治理中一项非常重要的内容。

通过以上的叙述，可以看出许多学者在研究中均认为保证网络的稳定性是创新网络治理目标的一个非常重要的内容。核心企业通过构建动态稳定的创新网络，能够很好地加强同其他网络成员之间的联系，同时加强网络成员之间的信任与合作，保证创新网络的可持续发展。

综上所述，可以看到当前对于创新网络治理目标的研究基本接受 Dhanaraj 和 Parkhe（2006）的观点，认为创新网络的治理目标主要有三个，那便是推动网络内的知识流动，维持创新成果的独占性和创新网络的稳定性。

第二节 创新网络知识权力

一、网络权力

权力是一个多角度的概念。丹尼斯·朗在《权力论》中指出：权力（power）一词，在英语中通常用作能力、技能或者禀赋的同义语；这种用语包含了从事某种表演的能力，严格地讲是技巧，对外世界产生某种效果的能力以及潜藏在一切人的表演中的物理或者心理能量。

对于权力，许多学者进行了相关的界定。权力一词最早由 Emerson（1962）提出，主要用于社会学和政治学领域。他认为，权力是指某个人或组织影响、支配或者控制其他人或组织的能力。现在关于权力的主要的研究集中在社会学中关于渠道权力和国际权力的研究，而且大多数学者都是在社会学理论研究的基础上进行其他领域的深入研究。社会学研究者从两个角度定义权力：一是将权力定义为影响其他个体或机构行为的能力；二是从个体或机构之间相互依赖的角度定义权力。但不管从哪个角度定义权力，权力均与网络联系在一起。如果离开特定的网络环境，就不存在所谓的权力，权力只有在其所存在的网络环境内才能体现出其作用。权力可以从广义上理解为一种能力或影响力。本书仍采纳 Emerson 的定义。这里需要说明的是，本书中论述的"权力"更多指向企业经济行为中对其他关联企业的影响力和控制力，而不是通常人们理解的政治性统治力或可借助武力实现的控制力。它既指看得到的命令、控制等施动者对受动者权力的行使，也可指看不见的受动者对施动者的认可、敬慕和遵从。

1. 网络权力的概念

随着生产分工的不断深化，市场竞争的不断加剧，越来越多的企业基于它们拥有的异质资源，采取了合作、结网等战略来适应市场竞争的要求。正是由于企业结网是基于各方所拥有的异质资源，所以，网络成员之间彼此相互依赖。这使得企业之间的关系呈现为一种相互交错的关系网，网络成员自身权力逐渐跨越企业边界，企业权力扩展到网络之中。人们发现，在复杂的组织网络中，各节点企业在其所拥有资源的量与质上存在着差异性，而一些企业因为拥有某些关键或稀缺资源而拥有更多的话语权，拥有更多的议价权力，从而拥有更大的影响力，这就涉及了网络权力。这里，权力概念和权力关系配置被放到突出的位置。

一般来说，网络权力特指企业网络内的权力关系。很多学者就这方面进行了相关研究。

企业间权力关系研究的先驱 Pfeffer 和 Salancik（2003）提出影响组织间权力大小的主要因素有：其余成员对组织的依赖程度，该组织是否控制金融资源，在网络中是否起决定性作用，是否具有不可替代的能力以及降低严重不确定性的能力。

也有人指出，网络权力指的是网络中节点的连接关系，这种关系使得网络能够持久稳定地存在（Kahler，2009）。可以说，网络权力是指网络中一个企业节点在决策和行动上对另一个企业节点的影响，网络中成员都有相应的权力，但权力大小有所差别。

也有很多学者对企业间的权力关系的研究集中在渠道权力上。Rosenberg 和 Stern（1971）首先将权力概念引入营销渠道领域，认为渠道权力是指在给定的营销渠道中，一个渠道成员影响不同分销层次中的另一个渠道成员营销战略决策的能力。

在此之后，Frazier 和 Summers（1984）进一步指出，渠道权力体现一个渠道成员对另一个渠道成员态度、信念和行为的潜在影响。

Etgar（1976）提出"依赖说"，该观点认为权力是双方依赖性的反映，渠道成员 B 对渠道成员 A 的依赖赋予 A 潜在的影响力。这里，他是把权力理解为一个渠道成员对另一个渠道成员的依赖程度。如果对 A 有所依赖，B 就会改变它通常的行为以适应 A 的需求，并且其中的依赖程度反映权力的大小，即如果 B 对 A 的依赖度增加，那么 A 对 B 的权力也会相应增加。

Hou 和 Zeng（2011）分析了供应链网络中的议价过程。他们指出，在只有一个供应商和一个零售商的供应链网络中，供应商可以通过设定它的供货水平来影响零售商的获利水平，从而确立了它对零售商的权力地位。

Dawson（2000）指出，在供应链网络中，制造商和零售商之间相互竞争，并想方设法通过横向或纵向途径获取尽可能多的网络权力，因为获得越多的网络权力就意味着获得越多的利益，而且，网络权力较小的成员总是依赖网络权力较大的成员。

由于权力在不同网络成员之间分布情况的差异，网络关系中会呈现出不同的权力结构，而这种结构进而会对网络中成员关系的状态以及网络的运行绩效产生影响。

Hanf 等（2012）指出，网络中权力结构的研究对网络来说具有重要意义，网络中成员权力差异可能会阻碍合作的进行，但权力往往又是有效的合作管理的重要工具。

从上述学者的观点可以看出，网络中企业间存在权力关系，这也就是网络权力。本书将网络权力定义为网络中的一个企业节点对另一个企业节点行为的控制力和影响力。

2. 网络权力的来源

关于网络权力的来源，从文献上来看，学术界很多学者对复杂组织网络中权力的研究主要是从资源依赖的角度出发的。

Pfeffer 和 Salancik（2003）指出，如果一个组织非常需要某种稀缺的专门知识，并且这种知识在该组织中不存在可替代的知识来源，那么这个组织将会高度依赖于那些掌握这种知识的其他组织。在组织网络中，企业权力被认为是从整体上对企业关键资源的控制中衍生出来的。组织是部门间的系统，在这些系统中，各节点的职能与其他节点的职能相联系，不论是直接还是间接联系，一个节点的权力取决于其他节点对其所拥有资源的依赖程度。

Baker 等（1998）在研究组织间权力和依赖对市场关系的作用时认为：一个控制着重要资源的组织，会迫使对它具有依赖性的组织做出它所期望的行为，并且通常会渗透到那些依赖它的组织中去。也就是说，一些组织因控制着重要的资源，从而拥有使依赖它的组织做出其期望行为的影响力。

Hislop 等（2000）认为，网络中组织地位的不平等性以及阶层性导致了组织权力的产生，而这种不平等性来源于对重要资源的掌握与控制。

Krajewski 等（2005）认为，供应链中的权力源于主体拥有或控制某种稀缺资源。

Ireland 和 Webb（2007）认为，战略供应链中的权力是以自身利益为目的而影响其他主体行为的能力，其来源于对稀缺资源的占有和控制。

Greve 等（2010）在探讨组织联盟的形成时提出了地位权力的概念，认为联盟中企业的地位权力来源于企业对联盟中资源与信息的掌控。

Hillman 等（2009）指出，在网络中，资源上的依赖导致权力上的依赖，网络中成员常常努力减少其他成员的权力，试图提高自己的权力以超过其他成员。而他们所采取的方法就是尽量减少自身对其他成员的资源依赖同时努力提高其他成员对自身的资源依赖。

Provan 等（2009）在总结了 Emerson（1962）的社会交换理论，以及 Pfeffer 和 Salancik（2003）的资源依赖理论后指出，网络中一个成员拥有超过另一个成员的权力是基于后者对其在资源上的依赖，而这种资源受前者的完全掌控。由此可见，权力的来源与资源依赖紧密相关。

综合以上研究可知，从根本上说，网络权力源自对关键或稀缺资源的占有和控制。在网络中，成员企业之间基于资源的相互依赖使每一个成员企业都拥有一定的权力，但由于成员企业资源禀赋的差异，网络中的依赖关系呈现出多种形态，从而造成了网络中企业的网络权力大小有所差别。

3. 网络权力的分类

French 和 Raven（2001）认为网络权力按作用类型可分为以下五种：奖赏权、强制权、专家权、合法权、感召权。此外，Stern 和 Reve（1980）将信息权作为权力的一种类型补充了进来，并对其有效性进行了证明与肯定。事实上，上述六种权力也都是以占有和控制某种关键资源为基础的。

（1）奖赏权。网络中的奖赏权是指核心企业基于掌控其他成员依赖的关键性资源，能通过向其他成员企业提供某种相关利益而对其产生的权力。奖赏权的行使取决于权力客体认可权力主体拥有奖赏的能力，并且相信只要遵从权力主体的要求，就会获得某些报酬。

（2）强制权。网络中的强制权是指网络中核心企业基于掌控其他成员依赖的关键性资源，能通过行使某种强制性的措施而对其他成员产生影响的权力。

（3）专家权。专家权是指网络中核心企业基于掌控其他成员依赖的专业知识资源，能通过某种专业知识而产生对其他成员的影响力。网络中的专业分工使联盟成员都具有相对其他成员一定的专家权。

（4）合法权。合法权是指网络中核心企业通过权利与义务的合法性而产生的对其他成员的影响力。合法权的重要特点是权力客体感到无论从道德、社会或者法律的角度出发，它都应该同权力主体保持一致，或者它有义务去遵守权力主体的要求。

（5）感召权。感召权是指网络中核心企业基于拥有其他成员依赖的关键性资源，使其能作为其他成员参照与认同的对象而对它们产生的影响力。感召权本质上是权力客体对权力主体的一种心理认同，这种权力的深层来源是权力主体的声望与地位。

（6）信息权。信息权是指网络中的核心成员接触或拥有某一类信息而这种信息是其他成员很难接触到的，对它们具有很高的效用。拥有信息权的核心企业往往注重保留重要的技术和数据，避免专长发生大量的转移；持续投资于学习和信息搜集，使企业能不断有新的和重要的信息提供给成员企业；只转移定制化的信息，使合作伙伴不能轻易地把这种专长转移到其他产品或服务上。

二、创新网络中的知识权力

一般来说，知识是指认知主体（人）的知识，而企业作为一个组织，也具有认知能力，将其知识储存于"组织记忆"（组织记忆的外在突出表现就是企业的"惯例"）之中，从而拥有知识。从经济学的角度来看，经济学所关心的"知识"概念首先是所有能使生产率提高的知识，或者是所有可以改变生产的技术特性的知识，一般可以称之为"技术性知识"；其次，经济学也关心那些可以改变生产的制度特性的知识，一般可以称之为"制度性知识"。可以说，一切人类知识，无论是技术性知识还是制度性知识，对于已掌握它的人类来说都能够或多或少地促进生产率的提高，改善人们的生活。

伴随着知识和技术的发展，其对现代企业的运营和管理起着越来越重要的作用。企业的发展逐步从依靠资本积累向知识积累和创新转变，企业的核心竞争力也由依靠有形资产向无形的知识转变。如今，知识已经取代了传统的资本与劳动力等成为企业最重要的资源。彼得·德鲁克曾指出：在新的经济体系内，知识并不是和人才、资本、土地相并列的社会生产资源之一，而是唯一有意义的资源，其独到之处，正在于知识是资源的本身，而非仅是资源的一种。

随着学者们对以企业资源为基础的企业观的深入研究，人们发现隐藏在企业资源背后的决定性因素是企业掌握的知识，它决定了企业配置、开发与保护资源的能力，是企业竞争优势的根源，从而形成知识基础观。国外一些学者提出了知识基（knowledge base）

的概念，认为知识基是指企业所占有的知识资源，如技术、人才等知识资源的总和（Gudas and Brundzaite，2007；Haour，2010）。

Nelson 和 Winter（1982）曾经强调，唯有知识和技能是企业持续竞争力的根本源泉，并进而将企业定义为"生产知识的仓库"。

Davenport 和 Prusak（2000）也指出，在这个时代唯一能给一个组织带来竞争优势的就是知道如何利用所拥有的知识快速获取新知识。

Savory（2009）研究了以实践活动为基础的创新，认为这种创新高度依赖相关知识。

Dierickx 和 Cool（1989）根据知识存量和知识流量对知识进行了分类。其中，知识存量是企业生产经营过程中积累的知识资产；知识流量是指企业某一时间段内流入和流出组织内部的知识资源的数量。与以往的研究对企业竞争优势的解释不同，他们得出结论认为，企业拥有的非凡的知识存量与流量是企业获取持续竞争优势和卓越绩效表现的源泉。

Kogut 和 Zander（1992）构建了基于知识的企业理论，认为知识是由个体所持有的，企业知识来源于拥有知识的个体在合作中的共享与传递并且嵌入人们所在的组织之中。企业又不可能无限制地招聘新员工，新知识的创造和积累只能通过对现有知识进行复制和重新组合的方式进行。他们还特别指出知识对于企业竞争优势的战略重要性：企业知识的积累能为应对未来新的未知市场提供更广泛的选择。他们在后来的研究中提到，企业是具有异质性的知识体，因而企业的竞争优势源自企业对知识的创造、存储以及应用（Kogut and Zander，1993）。

Grant（1996）认为，企业是一个知识处理系统，企业核心能力的来源是企业内的知识特别是隐性知识（tacit knowledge，也称为缄默知识）。他指出，由于企业的生产活动要求企业具有广泛的、多种专业化知识的组合，因此企业的竞争优势可以体现为企业对这些专业化知识进行组织的能力。所以在 Grant 看来，组织的本质表现为对各种生产所需的专业化知识进行整合，并将其应用于新产品和新服务中，企业也因此可以定义为对知识进行整合的制度安排。

Leonard-Barton（1998）也持有这样的观点：隐性知识是企业核心能力的重要来源，核心能力体现在所有者的知识对组织来说是独特的，并且优于其竞争对手的知识。

从上述学者的观点可以看出，知识资源已经作为一种关键的异质性资源成为企业获取竞争优势的源泉。企业自身的隐性知识难以被竞争对手模仿和获取，同时企业内部知识的积累水平决定了企业发现机会、制定战略、配置资源的能力。

1. 创新网络中知识权力的概念

托夫勒（1991）提出权力按知识来配置的主张，权力以知识为基础，按知识配置，谁拥有知识，谁就拥有权力。随着科学哲学、科学社会学的发展，"知识/权力"在不同的学科、思维、立场的相互碰撞下，成为后现代知识论中凸现出来的一个学术论题。

在现有的研究中，很多学者意识到了权力和知识具有直接的密不可分的关系，它们相关作用、相互影响。

米歇尔·福柯等（2007）认为，权力和知识是直接相互连带的，不相应地建构一种知识领域就不可能有权力关系，不同时预设和建构权力关系就不会有任何知识。也就是说，一方面，知识产生权力，知识可以被看作是某种形式的权力；另一方面，权力制造知识（而且不仅仅是因为知识为权力服务，权力才鼓励知识，也不仅仅是因为知识有用，权力才使用知识）。

Rouse（1987）在研究中不断借助米歇尔·福柯的知识/权力

分析系统来讨论当代科学知识生产中的权力现象。他指出：实验室中创造出来的现象，不是因为表征了这些现象内在的重要性而被记录下来。相反地，这些现象之所以重要仅是因为它们全部变化显现的过程均可以被追踪与记录；这些现象之所以重要是因为我们拥有它们的详细的个别知识，凭借这些知识，可以进而用新的方式来操纵与控制他们。

Latiff 和 Hassan（2008）明确提出知识权力（knowledge power）的概念，认为知识权力来源于对各种知识的控制和支配地位。

姚国宏（2008）认为，知识与权力是同一个过程的两个方面，权力与知识的关系不是外在的而是内在的关系。知识不可能是中立的、纯粹的，没有权力便没有知识，没有知识也就没有权力；权力控制了知识，知识也能给人以权力。

Pleijte 等（2011）对知识和权力之间关系的理解如下：知识和权力紧密联系，这不仅是知识作为真理具有权威性，而且权力本身也具有真理性。

Weiler（2011）认为，权力和知识都需要合法化。另外，权力和知识紧密相关，是相互作用的辩证关系：知识使权力合理化，权力也能使知识合法化。

Huang 和 Wang（2011）指出，当网络的决策权力与知识紧密联系时，知识传递的成本便会增加，这就需要将决策权力集中于网络中拥有知识的领导企业，以提高网络的产出绩效。

Lin（2011）认为，企业要运营和发展就必须足够重视知识，知识代表权力，知识的所有者也就是权力的所有者，并且知识的共享、转移由其决定。

Talet 等（2011）认为，知识本身代表的是权力，在如今的经济领域中，知识被看成是权力的唯一保证，知识的使用能节约时间和金钱，使企业的各项工作能更快速、更精确、更高效地完成。

Vsleri（2012）指出，人们拥有的权力是由知识带来的，因为知识统治着无知，人们想要掌控自己就必须通过学习知识来武装自己。

Steiner（2011）提到，如果我遇到一个人并能够惩罚他是因为他的无知，那就是我因为拥有知识而拥有的某种权力；但如果我被某人的知识所吸引并试图去学习这种知识，那就是我在追求某种权力。

刘文彬和唐杰（2009）的研究认为，知识权力是指网络组织中的个体由于具有理解内外部环境信号和处理相应产生的信息的能力而获得的权力。这种能力是能够在组织和相应环境条件下将信息转化为知识，而正因为该节点组织拥有并能够运用这些知识才产生了对网络内其他节点个体的权力。也就是说，仅在该节点个体能够掌握、解释并有效运用这些信息时，才能够收集更大量的信息，产生更多的知识和更大的权力。

目前，"知识权力"并没有一个统一的定义，但从上述的叙述中可以看出，知识与权力密不可分，它们是相互作用、相互影响的。本书认为，知识权力是以知识资源的拥有者为主体，以知识资源的依赖者为客体，知识权力即主体在对知识资源的使用、共享等活动中拥有影响客体行为的能力。

2. 创新网络中知识权力的来源

根据知识基础观，知识资源已经作为一种关键的异质性资源而成为企业获取竞争优势的源泉。在前文也提到，网络权力根本源自权力主体对关键或稀缺资源的占有和控制。因此，本书认为对知识资源的占有和控制是创新网络中企业知识权力的来源，在创新网络中，对关键知识的占有和控制便代表了权力。

Kelly（2007）认为，知识是组织权力的来源，这种权力的产生来源于对两种资源——技术知识资源与管理知识资源——的占有，因此所对应的技术知识权力指的是对技术信息的掌握与控制，而管理知识权力指的是对管理信息的掌握与控制。而创新网络中的核心资源就是知识资源，组织间由于对知识资源的依赖形成了相应的权力依赖关系，从而导致了创新网络知识权力的产生。

Wong 等（2008）深入研究了网络中的节点知识权力。他们从知识的属性及资源依赖的角度出发并指出，知识具有临界性、不可替代性和中心性的属性，有价值的节点知识可以被看作是货币，其中知识的价值是根据其在企业中的关键性、不可替代性和中心性来被定义的。他们通过研究得出如下三个结论：①一个网络节点提供的知识资源为网络成功带来的贡献越大，那么这一节点拥有的节点权力就越多，因为网络整体依赖该节点，以应对网络中遇到的问题或机会。在创新网络中，知识是很关键的，创新被认为是网络中最重要的，高临界知识增强了节点权力。反之，低临界知识的节点所拥有的知识是在网络组织所需要之外的，这样，这些节点对网络来说影响力就没有那么明显。可以说，关键知识的占有代表了权力，而这一权力来源于拥有符合其他企业关键需求的知识。②网络作为一个系统，在系统中各节点的职能与其他节点的职能相联系，不论是直接还是间接联系，一个节点的权力取决于其他节点对其所拥有知识资源的依赖程度。作为权力的一种资源，不可替代性知识权力拥有稀缺性和不可替代性的概念。如果节点所拥有的知识具有稀缺性或是独特性，那它就会拥有更大的权力，因为它是这一知识的唯一提供者。在一个网络中，只要有少数节点能够履行拥有高不可替代性知识的节点所表现出来的职能，那相对于有更低不可替代性知识的节点来说，它们就可以使用更多的网络权力。③另外，在创新网络中，会有所谓的高知识中心的节点，它所拥有的知识具有网络工作流的中心性，这样的知识是网络工作流中不可或缺的部分，网络中其他节点会直接或间接地依靠高知识中心的节点，因此，这样的节点也拥有较大的网络权力。

Flynn 等（2008）认为，在创新网络中，企业由于对人才、技术等知识资源的掌控而产生权力，这种权力被称为专家权。事实上，专家权是创新网络中企业知识权力重要的表现类型。企业基于掌控了创新网络中其他成员依赖的关键性知识资源，形成了相对于其他企业的网络权力，控制着网络知识资源的流动，可以对其他合作企业进行知识输出、技术指导以及标准制定，促使合作顺利进行。

Michailova 和 Mustaffa（2012）研究了跨国公司的子公司脱离的现象，认为知识直接影响子公司的产出和话语权，这也决定了子公司的脱离程度。他们明确指出，知识是权力和威望的重要来源。

Biloslavo 和 Kljajic-Dervic（2011）认为，知识能让企业捕获机会，企业对大量关键知识的掌控意味着企业获取了最大化的权力。

Masrek 等（2011）赞同知识就是权力的说法，并进一步强调，知识可以代表权力的来源，但只有在知识进行共享的情况下才会带来权力。

Lee 等（2011）认为，关键知识资源的获取和积累对提高企业能力具有重要作用，知识资源又以内隐性为特征，这一特征使他人难以模仿和获取，知识资源使得企业的权力和地位得以确立；另外，领导企业必须拥有足够的权力对知识资源进行整合，否则将影响网络的绩效产出，导致合作伙伴失去信心。

Lin（2011）指出，知识常常等同于权力是因为知识是维持个体竞争优势的根源，一个个体可以在与合作者知识共享的过程中感受到自身权力、重要性的大小程度。

Seba 等（2012）指出，知识很难得到普遍的共享，因为人们认为知识与权力是紧密结合的，知识与个体地位的提升息息相关，而个体地位的高低又是权力大小的直接体现。

以上这些学者的研究支持了本书的观点：对知识资源的占有和控制是创新网络中企业知识权力的来源，在创新网络中，对关键知识的占有和控制便代表了权力。

第三节　网络权力分布与网络治理

网络权力配置是创新网络治理中的一个非常重要的主题。DeBresson 和 Andersen（1996）证明了不同类型的创新组织之间存在着交互作用，创新网络本身就是一种关系网络，而权力依赖关系正是一种互动的体现。事实上，这种权力依赖关系也形成了创新网络的权力结构。而网络成员在网络权力结构中的位置不仅代表企业自身所拥有的关键资源的重要程度，而且代表距离网络权力中心的距离以及对网络中其他关键资源的接近机会的多少，此外还代表对整个网络战略决策的参与程度。

创新网络中存在很多潜在问题。例如，有可能因为信息不对称诱使一些成员采取搭便车的行为，逃避责任而不是努力工作，这时，就需要存在相应的权力机制来制止这种行为的发生。又如，创新网络在获得利益产出的同时也需要对利益进行分配，若不存在相应的权力机制，那么就可能会因为成员间利益分配不公平而产生冲突，影响网络的稳定性。

一般来说,创新网络既可以是为某个具体的技术创新任务而建立的,也可以是为了未来的技术创新战略目标实现而建立的。创新网络的运行必然追求既定的创新绩效目标,而网络成员只有在一个相对稳定的网络环境下才能顺利分工合作,进而才有可能达到既定的目标。这里所说的网络环境是指企业组织之间在信息、物质、资金、技术、人才等方面所形成的相互依赖、相互作用的影响。良好的网络环境需要有相应的权力机制来对网络内的各组织进行规范、引导和控制,这就涉及了网络权力分布问题。

一、网络权力集中与网络治理

在以往的研究中,一般认为,企业间关系的平等是企业结网的重要前提,但是,近年来国内外的研究表明,许多国家和地区的企业网络都存在着明显的等级制度,网络中企业间的关系逐渐由平等向不平等的方向演变,网络的非均衡性特别是企业间权力的非均衡性受到越来越多学者的关注。

Bathelt 和 Taylor(2002)明确指出,权力是影响企业网络的主导因子之一,维持网络内部平等的权力结构非常困难。这就是说,权力对网络具有主导作用(例如,其对网络内的各组织进行规范、引导和控制),而在网络内,会有很多因素导致网络内部的权力结构难以达到均衡的状态,即网络权力的分布不是均衡的而是会出现集中的情况。

Emerson(1962)指出,在网络中,由于个体间与各利益团体间存在着先天性的差异,企业权力结构中的权力分布状况必然存在着潜在的不均匀性,网络中个体的权力有大小差异,这体现在网络中企业的运营中。例如,一些企业相对于其他成员企业来说具有更大的议价权力和更大的影响力。这就使得成员企业内部由权力不均衡分布所引致的冲突可能在联盟中进行潜在的传导，通过影响联盟中的潜在冲突水平而影响着成员间控制权的分布状况。

Casciaro 和 Piskorski（2005）在关于资源依赖理论的研究中认为，在创新网络中，企业间在资源上是相互依赖的，但是企业间的合作却又存在着权力不均衡的现象。在对美国多个企业的兼并案例进行分析后，他们得出结论：相互依赖是企业间合作的驱动因素，而权力不均衡是阻碍这种合作的重要因素。

Steinberg（2002）指出，在网络中，以权力不平等为基础的议价普遍存在，这样的议价会产生不平等的合同，这样的合同又会加强权力强势一方的地位。

Ehrmann 和 Spranger（2005）研究了连锁店网络，提到在授权特许者-特许经营者的垂直网络中，双方都拥有能够影响对方的权力。授权特许者基于占有资源而拥有权力，这使得他们能够使用强制权和非强制权来影响和控制特许经营者；而特许经营者可以通过减弱他们跟随的积极性、寻找更加满意的资源、提高他们的适应能力、反对授权特许者下达的目标来建立起具有抵消性的反抗权力。而研究表明，后者的抵消性权力不足以抵消前者的权力，所以，在这样的网络中，其权力分布也是不均衡的。

在供应链网络的研究中，很多学者也指出了网络权力分布的不均衡性。Hingley（2005a）通过深度访谈，在研究供应链网络中供应商与零售商的权力关系时发现，在生鲜食品供应关系中，权力存在着显著的不平衡性，强势权力成员会最大化地利用其掌握的权力，甚至会出现惩罚行为。他还指出，尽管供应商争取到了一些权力，但网络最终的控制权依然较多地集中在零售商手上。

Hingley（2005b）研究了英国的农产品供应链网络中的权力

关系。他认为，权力是建立合作关系应该考虑的重要因素，网络中的权力必然存在不均衡的现象，而权力的不均衡不是新成员加入网络或者是网络取得成功的障碍。另外，他还指出，接受权力的不均衡是成功建立农产品渠道的关键，通过建立合作关系可使渠道得到支持。

丁孝莉和戴昌钧（2011）认为，权力分布即权力在权力主体间分布的现状。他们在剖析权力要素的属性特征及特征之间的某些联系的基础时，采用假设检验和单因素方差分析方法，对权力分布差异性、权力归属可变性、权力使用权宜性和权力需求价值性进行分析。结果表明：在组织中，权力在领导者和员工之间的分布是多元的，也是不均衡的；同时，员工的权力需求是客观存在的，也是强烈的。

姜翰等（2009）以我国电器制造企业间联盟为样本，考察了成员企业权力结构对联盟控制权不对称分布的影响。结果表明，成员企业的权力结构各因素显著影响着联盟控制权的不对称分布：内部联合权力水平会弱化这种不对称，而其冲突水平则会强化这一不对称；外部联合权力水平会显著强化这种不对称；内外部联合权力间的冲突水平也会强化这种不对称。同时，成员企业的权力结构相似性与联盟中控制权分布的不对称之间存在负相关关系，但这种关系并非线性关系，而是仅在成员权力结构具有高度相似性时，才会倾向于降低联盟控制权分布的不对称。

由此可见，现有研究基本达成共识，即由于资源依赖性的不同，网络组织内的权力分布不可能是均衡的，呈现出不同程度的聚集性，即权力会不同程度地聚集于核心企业。也就是说，在网络中，资源占有的差异导致依赖的差异，进而出现权力集中，同时，这样的权力分化对网络成员的行为也会产生相应的影响。

一些研究表明，倾斜的权力结构往往会产生利己和剥削行为，网络中的行为规范的形成也会受到阻碍（Anderson and Weitz，1992）。与网络中的权力结构相对应，网络中也会呈现出在某个成员的主导下运行的状态，同时，由于网络成员都是相互独立的企业，其在网络中的权力地位直接与其在网络利益分配中获得的份额相关（Stern and Reve，1980），权力越大，获得的份额越大，反之亦然，所以网络中充满了对网络主导权的争夺。这些观点其实还隐含着这样的观点：网络权力优势地位越大，对企业在网络中的运营就越有利。

在网络中，权力会较多地集中于某一企业，网络关系中的权力集中是网络行为者位置的体现，其网络地位主要体现在价值链环节的占据与价值的分割行为当中（Smith，2003）。在这样的关系中，权力主体主导的网络将使网络中的资源和利益按照有利于自己的方式进行分配，这时候，权力客体会有突破资源稀缺性、权力等级性的强烈愿望，而权力主体则会竭尽全力地去维持这种不平等的权力关系（Andersen and Christensen，2005），也就是说，权力主体与客体之间存在一定的冲突。

一般来说，网络中的权力恰恰集中于网络中的核心企业。Belaya等（2009）指出，多个企业交互作用组成网络，这样的网络由有能力的核心企业主导，其他企业基于长期的明确合同或暗中的契约而依赖于核心企业。网络中存在明显的权力不对称关系，其可能导致两种结果：一种是可能导致一些企业的机会主义行为和阻碍合作的进行；另一种是核心企业掌握大部分权力，其可以把权力当作协调和促进成员和谐关系、减少冲突、提高整合网络和网络中个体绩效的有力工具。

Wuyts和Geyskens（2005）认为，在渠道合作中，权力较大的企业会主导合作的进行。权力较大的企业比权力较小的渠道成员更有发言权,其有权威限制和对任务的明确分配。

Ganesan(1994)认为,在关系长期导向中,关系非对称性可能导致分销商和制造商之间利益的不匹配,权力大的一方会获得更大的利益,这种不匹配可能会造成渠道成员间高度的冲突和不满意,甚至会终止合作关系。

Gundlach 和 Cadotte(1994)的实证研究表明,渠道成员间的资源依赖导致权力的依赖,当权力的非对称性增加时,成员间会因资源、利益等的分配问题导致冲突增加。

Dwyer 和 Walker(1981)利用博弈游戏与权力不对称组织的议价过程和结果进行对比,得出结论:在权力非对称条件下的议价更为高效,但是一些弱势成员却难以获得有价值的资源,这又会使弱势成员产生突破权力非对称的强烈欲望,组织间冲突的可能性会增加,所以高效议价的同时也会使议价结果更加难以预测。

从上述文献中可以看出:网络中权力出现集中的现象会产生权力相对较大的企业,这样的企业会主导网络中资源的流动以及利益的分配,这又可能使得网络中成员间发生冲突。简言之,网络中权力出现集中的现象对网络的和谐与稳定产生重要影响。

Collinson(2005)从辩证法的角度反思领导关系,认为在网络组织的领导关系中,存在权力不平等和相互依赖等现象。而且,领导关系又具有矛盾性和模糊性:一方面,追随者让渡部分权力给领导者,即领导者拥有对追随者的特权,但权力的行使却又要依赖于追随者;另一方面,追随者接受领导但又有一定程度的自主性。也就是说,在网络中,领导者与追随者在权力上是相互依赖的,但是要掌握所谓的"度",既要保持领导权力一定程度的"特权性",又要保留追随者一定程度的自主性,只有这样,才有利于网络的持续和发展。而拥有集中权力的核心企业只有在网络持续和发展的条件下才会具有存在的意义，所以，网络中作为权力集中依托的核心企业应该掌握权力使用的"度"，承担网络维护和协调者的角色。这就涉及了核心企业的网络治理问题，将在本书中继续探讨。

二、网络权力距离与网络治理

权力距离的提出始于跨文化的研究，是 Hofstede（1980）文化五因素模型的结构成分之一。Hofstede 将权力距离定义为社会对组织中权力不平等的可接受程度，它能反映社会中弱势成员和强势成员的价值观。后来，Hofstede 修正了权力距离的定义：权力距离指人们预期和接受权力分配不平等的程度。

Oyserman（2006）认为，权力距离感知是指社会中人们对于权力、财富以及声望不平等性可以接受并且认为是必然的程度。

Zhang 等（2010）综合了以上两位学者对权力距离的定义，认为权力距离是指某种文化中人们预期以及能够接受的权力分配不平等的程度。

Clugston 等（2000）的研究认为，权力距离是指个体对于各种社会制度和组织中权力不平均分配现象的接受程度。

很多学者就组织或网络中的权力距离进行了深入研究。

Khatri（2009）研究了组织中权力距离导向对组织的影响，得出如下结论：①高权力距离组织的员工不愿意参与到决策中，他们作为追随者，乐于接受管理者做出的决策和下达的指令；②高权力距离的管理者拥有无限的权力和对下属的无条件控制，相反地，下属只能顺从；③在高权力距离的组织中，由于没有来自下级的阻力，决策过程具有极高的效率；④然而，由于缺乏来自下级注入的活力，缺乏沟通以及信息共享，管理者做出的决策容易犯错或者倾向于不道德的行为，这种错误或行为容易被掩盖或不容易被发现；⑤另外，高权力距离的管理者倾向于微观管理，这对管理者来说是一个很大的挑战。

Clugston 等（2000）研究了组织中权力距离、集体主体、不确定规避以及男性主义与组织中个体承诺水平的相关关系，其中一个结论为：权力距离与个体对组织、领导和团队的持续承诺和规范承诺都是正相关的，即在权力距离较高的组织中，个体对组织、领导和团队的持续承诺和规范承诺较高，反之亦然。

Lee 等（2000）探寻了组织中在权力距离影响下，对公平的感知、对官方的信任与履行合同之间的关系。其得出如下结论：在低权力距离的组织中，对公平的感知和对官方的信任之间的相关程度较高；在低权力距离的组织中，对公平的感知和履行合同之间的相关程度较高。

Paine 和 Organ（2000）提出，高权力距离文化中的组织成员接受权力不平等普遍存在这一现实，所以他们即使受到不公平的待遇，也不会太过介意而明显地减少组织公民行为。他们还提出了这样的假设：权力距离在公平感与组织公民行为之间起到负向的调节作用，即权力距离感越大，公平感与组织公民行为之间的相关性越小。

Huang 和 van de Vliert（2003）指出，在高权力距离时，权力往往伴随着技能与财富，低权力个体的利益获取主要是靠高权力个体的分配，并认为不公平的现象是理所当然的。

Farh 等（2007）指出，权力距离倾向高的个体认同上下级间权力不平等的合理性，认为领导者应该拥有超过下属很大程度的权力；相反，权力距离倾向低的个体认为领导者拥有较少的权力才是合适的。

Heide（1994）的研究认为，在供应商权力较大的高权力距离的供应链网络中，供应商会强调命令、权威的文化，使其在使用权力时倾向于采用更为直接的许诺、威胁等强制性影响，这种方式在他们看来是稳定的、结构化的。也就是说，高权力距离的供应商倾向于采用强制性影响策略来影响分销商行为。

Boyle 和 Dwyer（1995）研究了工业产品分销渠道中权力、官僚主义、影响力和绩效之间的关系，其中提到，拥有高权力的供应商倾向于使用"仲裁"策略（如威胁、遵守合同等），而较少依赖"非仲裁"途径（如信息交换、建议等）。

Tan 和 Chong（2003）认为，权力距离的感知对网络合作氛围和成员的价值体系有重大影响。在一个价值观相对稳定的网络中，要注重以网络成员为中心进行管理以及对一些成员有所承诺。

Cohen 和 Cohen（1983）认为，在权力距离低的组织中，授权程度正向影响下属的工作满意度和绩效；而对权力距离高的下属，授权程度负向影响下属的工作满意度和绩效。

Smith 等（2006）研究了高效管理团队，通过实证研究发现，高效管理团队中领导者是权力最大的成员，组织中的权力距离与组织绩效有着明显的相关性，当领导者取得大部分的权力时，组织会取得更大的绩效。

Begley 等（2002）认为，权力距离是组织网络中公平与产出的调节剂，高权力距离注重的是组织网络的产出，而低权力距离注重的是组织网络的公平性。

Yang 等（2007）的研究也得出类似的结论，网络中的权力距离对网络公平性的氛围与个体的产出具有调节作用，网络中的高权力距离削弱了网络中公平氛围的影响。

从以上学者的观点来看，权力距离对组织或者网络中的个体行为和价值观、网络氛围和产出绩效都存在重要影响。从权力距离的概念来看，权力距离是权力地位较低的组织成员对组织中权力分配的不平等的感知和期望的程度。也就是说，这种不平等是由下级来定义的，组织中权力距离的存在是普遍的，只是有些组织的不平等性会比较大。在创新网络中，成员间的权力关系是不平等的，领导企业与被领导企业在网络权力等级中就分别属于上下级的关系，这就涉及权力下级对不平等问题或者说权力运用的感知（比如说，权力下级对创新网络的权威的感知，对创新网络中资源的分配、创新网络中利益分配是否公平的感知以及接受的程度），这就是创新网络中的权力距离。在权力距离大的创新网络中，网络中的资源和权力方面的差异会由领导企业主导加以制度化和合法化，加以激励保护，而网络中下级成员企业则强调对领导企业的依赖性并支持领导企业独裁式的决策；在权力距离较小的创新网络中，网络中的等级性只是一种组织形式，处于高等级的企业并不意味着拥有特权，网络成员对资源和权力的分配较敏感，要求资源和权力分配的公平性以及决策的民主性，只有这样，成员间的合作才能是和谐与稳固的。

第四节 权力视角下的网络治理主体与治理方式

一、核心企业在创新网络治理中的作用

对于核心企业的定义，国内外的很多学者给出了不同的描述。Morrison（2008）提出，核心企业是具有较高协调能力和应

变能力的战略中心，具备选择、吸引和领导其他企业创新，为优秀的合作伙伴提供新的成长机会，确保整个创新网络的生存和发展能力的企业。该定义被广泛认可。据此，学者们认为，核心企业位于创新网络的中心，它围绕自身构建并控制整个创新网络，评价它们对创新网络的贡献，并据此决定网络内的其他企业的去留。

Gay和Dousset（2005）认为，在创新网络中，只有拥有其他企业不具备或者难以模仿的核心技术的企业才是真正意义上的核心企业，而那些掌握某种易被模仿的新兴技术的企业在竞争中不占优势，也无法确立其核心地位。

Liu等（2009）认为，核心企业是市场中虚拟企业的发起者，核心企业拥有发现和抓住机会的能力，它的主要任务是选择和协调合作伙伴。其代表特征是协调、控制策略联盟的运作过程。核心企业在虚拟企业管理中有着重要的作用，负责交换信息、发布信息、承担风险。核心企业具有决定机会和风险的权力，有控制合作伙伴的权力，有从分销商和终端企业获利的权力。

Agrawal和Cockburn（2003）认为，技术创新网络的核心企业是指，能够利用网络资源创造出新技术、新工艺，能吸引研究员、技术员以及投资者，能提高网络成员的技术创新能力，能刺激企业对于新知识的需求，能获取外部市场消息的企业。

Pittaway等（2004）认为，核心企业是指技术创新网络中吸收知识最快的企业。

Wu和Wang（2011）从企业在产业集群中的地位和作用角度解释了核心企业的概念。他们认为，核心企业是指处于供应链中心位置的企业，在市场中拥有稳固地位。伴随着产业集群的不断发展壮大，通过建立生产者和销售者之间的关系，核心企业的能力也在不断提升，主要包括增加生产者和销售者之间的知识获取和转移，最终影响集群中每个企业的创新绩效。

Copenhagen（2005）认为，核心企业是指能够为网络中的其他企业提供一个平台，并基于这个平台提供一些辅助产品和服务的企业。同时，核心企业具有控制作用，控制网络内其他成员的关系，使各成员以合作形式结合在一起。

Krishnan（2012）从企业的核心能力角度出发，基于供应链企业优势认为核心企业是具有个别明显关键优势的企业，核心企业在供应链运行中举足轻重。

Nijdam 和 de Langen（2003）从核心企业在供应链中的优势来定义核心企业，认为由于核心企业在规模、市场地位以及知识和企业家能力方面具有优势，这些企业有能力和动机做出对供应链中其他企业来讲具有正外部性的经营和投资活动。

Wu 等（2006）认为，核心企业是供应链企业群体的"原子核"，它把一些"卫星"企业吸引在自身周围，从而将供应链构造成一个网链状结构，核心企业影响力的大小在很大程度上决定了供应链运作的好坏及供应链竞争力的大小。

Lu（2009）从约束理论的角度认为核心企业是指供应链上拥有该供应链的瓶颈约束资源（技术、市场、原始资源、信息），决定供应链的运行节拍与效率，在物流、信息流、工作流等资源配置方面胜任组织协调工作，能够实现并提升整体供应链核心竞争优势的企业。

Vlachopoulou 和 Manthou（2003）认为，核心企业是指在企业联盟中规模最大并且领导着整个联盟的发展，协调各联盟伙伴的生产活动的企业。

本书将核心企业定义为拥有关键的知识资源及杰出的协调能力，个体对于网络贡献很大，从而在网络中具有杰出地位或者是处在网络的中心位置，进而具有被网络成员所公认及接受的，足以影响其他成员行为的权力，并且能够通过运用自身的杰出地位以及权力去带领网络中其他成员整合各自分散的资源以及技术能力。因此，本书认为，创新网络治理的本质在于该过程是经过核心企业深思熟虑的、目的明确的、试图从网络中创造价值并提取（分配）价值的行为。

王岚（2009）认为，核心企业在技术创新生态系统中的核心作用主要体现在以下三个方面：第一，由于核心企业具有较强的创新能力和难以被模仿的技术，基于此，核心企业制定技术标准，为企业技术创新生态系统搭建创新平台，通过技术创新平台将核心企业与技术研发和产品应用层联系起来，引导系统内所有创新元素共同完成某一项技术创新活动；第二，核心企业对合作伙伴进行评价选择，吸引那些对企业技术创新生态系统有价值的合适的企业，淘汰"搭便车"的寄生企业，控制供应链和管理风险，使整个系统得以不断完善；第三，核心企业作为企业技术创新生态系统内的"生产者"，它必须不断地为自身和系统内其他成员的技术创新活动提供能量，整理和传递信息，并控制物质循环中的损耗，提升能量流动的速率以及保障信息传递。

Padula（2010）在对水平网络治理的研究中指出，组织网络的管理需要一个独特的团队采用一系列的程序和实践，并且这些程序和实践要根据实体网络组织的发展方向，对组织目标运用的工具、资源的配置等进行选择。

Landsperger 和 Spieth（2011）认为，核心企业在创新网络中具有四种管理功效：选择、规范、积聚、评估。核心企业通过管理最终实现有效控制冲突、分歧等。

Vurro 等（2009）指出，供应链反映的是价值链上成员之间的内部关联性。而供应链成员位置的中心性与网络中每个成员息息相关，较高的中心性相对应的是网络中较高的主导地位。因此中心性反映了企业之间权力与地位的相对性。并且，处于中心位置的企业可以从网络中的上下游获得知识,从而增加影响力和控制力。

Vurro 等(2010)在整合各种关于跨文化组织合作的组织理论时,根据主导企业的逻辑以及介入模式提出了一种跨部门社会伙伴理论,并且在理论中强调,无论是从初创者业务的稳定性还是从它的社会价值来说,都需要一种一致的、持续的领导方式。这说明了主导企业的重要性。

Span 等(2012)运用理论综述的方式分析了当地公共网络的管理角色、突发性因素以及网络绩效之间的关系。他们将网络管理者定义为从最高领导者到最低制造商之间的统一连续体,在网络中扮演着调节者角色。

Perks 和 Moxey(2011)在研究创新网络中的领导企业应该如何实现任务分配、资源配置和能力发展时指出,面向市场的创新网络其主要内容是产品的创新。在产品创新方面,他们指出产品创新是一个高风险的资源消耗活动,因而企业需要合理而有效的任务和资源分配以及与其他网络成员企业的分享,从而实现较高的产品创新绩效。因此需要一个合适的领导企业来支持成员企业的发展。

Dhanaraj 和 Parkhe(2006)认为,核心企业决定着网络扩张的方向,是网络扩张的启动器,直接决定着网络的成长速度。并且在创新网络中,要确保价值的创造和获取,核心企业可以通过对知识移动性、创新可挪用性,以及网络稳定性的协调,实现对创新网络的治理。

Gay 和 Dousset(2005)强调,核心企业能够创造出对整体网络至关重要的新技术、新工艺和新制度,拥有该行业的关键智力资本,吸引研究人员、投资者和技术人员,提高其他企业创新能力,刺激对于知识创造的需求,获取网络外部市场,并构成网络知识传播媒介，改变贯穿整个网络的信息流，并且对整个网络治理绩效有积极影响。

Ignatiadis 和 Nandhakumar（2006）认为，核心企业通常在网络中主导知识流动以提高组织和网络的结构弹性，并通过合作带来的经济效应促进创新网络的扩张。

Wu 和 Wang（2011）指出，核心企业在产业集群中企业之间的合作方面起到很重要的作用。通过与其他企业的聚集可以促进集群内企业共享资源，提高企业的生产效率和促进创新发展。在工业集群中，核心企业是引进新技术和发布新的有用的知识的守门员，它扮演着引导技术和知识的重要角色。同时，核心企业是设计和组建复杂成员关系的领导者。

Provan 和 Kenis（2008）对核心企业网络治理有着较为详细的研究。他们认为，在核心企业网络治理中，所有重要的活动和主要的决策都是由核心企业来制定的。这样，网络治理就会因为权力的不对称而变得非常集权化，核心企业将会对网络进行管理，并领导组织成员一起朝着治理目标努力。当然，这会与核心企业自己利益和目标紧密联系起来，核心企业自己肯定会承担网络的相应管理成本，从网络成员那里获得资源，寻求和控制来自网络外部的支持，核心企业的作用可能来源于组织自身，以谁最有效率来定，或者可能是外部由于对自己的支持，而进行的授权。

Camuffo（2002）对意大利眼镜制造业集群从 1995 年以来的演进过程进行了实证分析。研究表明，全球化和新技术已经威胁到传统的以社会嵌入、地方化为特征的中小企业集群的组织结构，核心企业主导下的适度层级化的集群网络显得更富有竞争力和创新力。而国内研究主要从核心企业在供应链中的功能角度来说明核心企业的重要性。

赵晓飞和李崇光（2008）认为，供应链是围绕着核心企业建立起来的,是核心企业与供应商、供应商的供应商乃至一切向前的关系,以及核心企业与分销商、分销商的分销商及一切向后的关系所形成的网链结构。如果将供应链看作一种企业联盟的话,那么核心企业就是整个供应链的盟主。

核心企业在产业链上占据的地位较为突出,影响着产业链的结构和发展,核心企业的态度决定了整个价值链成本管理实施的程度,对价值链成本管理的运行具有较大的推动作用,是整个价值链运行和发展的动力。核心企业的作用主要是组织和协调,运用自身强大的实力,对供应链合作伙伴实施影响,使它们为实现价值链联盟的整体利益最大化做出努力。

综上所述,可以发现,现有研究大多认为创新网络中的核心企业是指在网络中具有难以被模仿的技术,在整个网络中起协调、监督、激励等作用的企业。核心企业的目标是促进整个网络的协同创新,通过企业间的知识、技术、资源等的共享形成合作模式,最终实现创新网络的整体目标。创新网络中核心企业由于处于网络的中心地位,拥有着决定网络发展的关键性知识资源,因此会按照自己的利益和目标对网络进行管理,对创新网络进行治理。

二、知识权力在网络治理中的作用

本书主要从核心企业治理角度来分析研究网络治理方式,而核心企业的治理主要是运用其所拥有的网络权力来调整网络成员的行为、合作等。

Rajan 和 Zingales(2001)认为,治理的本质就是对权力的运用,因此,网络治理的关键就是分析、研究网络中权力的来源、分配及其运行的机理,并建立一个基于进入权的分析模型。

Teimoury 等(2010a)通过权力不对称如何影响关系的风险感知的研究认为,存在以意向为基础的信任和单方面控制的治理模式。首先,他们得出一个理论模型,解释权力不对称性、关系性风险直觉以及治理模式之间的关系。其次,他们使用112家企业从事新产品开发(NPD)项目的调查数据对这个理论模型进行测试。交易成本经济学(TCE)已被广泛用来解释企业间治理。根据 TCE,公司考虑不同的治理机制,以抑制其合作伙伴的机会主义行为,从而降低交易成本,提高合作的机会。

Chassagnon(2011)认为,内部权力的管理依靠的是与权威和权力相联系的正式和非正式机制。外部权力由于没有雇佣合同的存在,不存在命令的发布者和执行者。因而在外部权力关系中的权力主要是经济依赖关系的权力。他同时探讨了在经济增长和金融体系的变化下,对现代企业的权力关系的结构的治理。他认为,现代企业,其治理分析应从权力的视角,不仅是高层的管理权力,而且包括所有形式的权力,使现代企业更富生产力和更具竞争力。权力是现代企业管理的核心问题,管理的缺失将会导致企业之间权力的不平衡。现代企业的治理需要满足以下两个要素:外部权力和内部权力,前者是企业的内部权力结构,后者是企业的外部权力结构。

Caniëls 和 Gelderman(2010)在分析渠道成员关系时指出,拥有主导权力地位可以增强行政控制的效果。例如,拥有较强权力的购买者为了防止供应商有投机行为,会以更换供应商来威胁供应商。因此,供应商出于对购买商的恐惧会不采取机会主义行为,此时购买者所拥有的主导权力地位可以抵御供应商的投机行为。

Hanf 等(2012)表明权力在供应链网络和营销渠道中至关重

要,并贯穿网络运行和决策的全过程。在供应链和营销渠道中权力的主要应用是促使其他企业为了实现经济增长而按照预期的方式行动,或者让其他企业做一些它们不经常做的事情。尽管人们对权力的定义不同,但权力的作用无非是控制、命令、影响、决定行为、意图、决策或者行为。按照权力的来源将权力分为威胁权、奖赏权、专家权、合法权、命令权。其中,威胁权是指一种惩罚别人的权力。在供应链网络中,威胁权反映了网络成员对惩罚的恐惧。

Benfari 等(1986)认为,在网络中,基于资源的权力是由回报权、批准权、强制权、专家权、技术和政策制定权等构成的。

Matheus(2009)借鉴了 Benfari 等的思想,认为各种权力影响着网络之间的知识整合与共享,认定资源权力主要是由人才选用权、财政资源配置权、标准制定权、技术控制权四种权力作用方式组成的。

Ireland 和 Webb(2007)认为,战略供应链中的权力是由强制性和非强制性权力构成的,这些权力影响着其他成员的行为。

Rokkan 和 Haugland(2002)认为,强制性权力是控制者对组织成员进行的诸如惩罚、威吓和制裁等负面权力。这是一种风险性较大的权力,它滋生了报复的可能性,并降低了合作伙伴对其的信任度。

Cox(2001)指出,非强制性权力是有能力提供但接收方可以选择不接受的权力,这种权力可以更加促进双方信任水平的提升,比强制性权力更加有效。非强制性权力提供了大量的有利条件,有助于克服合作企业间共识的缺乏,达到快速决策的优势,推动创新和变革,以处理环境中机会主义的影响和其他威胁,并影响先进信息技术的采用,从而为合作提供一个具有合法性和稳定性的网络。

对于网络中核心企业的权力作用方式，不同学者有不同的理解，但大多数学者按照作用类型将其分为强制权、奖赏权、法定权、专家权及感召权。

Molm（1997）认为，强制性权力是控制者对组织成员进行的诸如惩罚、威吓和制裁等负面权力。

Flynn 等（2008）认为，在权力和规范性关系承诺之间，专家权是在一个供应链中对客户能够拥有供应商认为的对其有利的知识、技能或专业知识的承诺。参照权涉及供应商的身份鉴别，客户的内部化、目标和价值。身份鉴别会出现在当一个供应商因为赞赏客户管理其业务的方法而接受它的影响时；内部化会出现在当一个供应商因为它持有相似的价值观和行为规范而接受它的影响时。法定权使得供应商对客户采取的行动无法提出质疑。客户行使奖励权时，是通过对所期望的行为的奖励规定来约束供应商，而强制权力是客户通过威胁要退出业务而使供应商从事他们所期望的行为。

Abolhasanpou 等（2011）将网络中核心企业权力的运用分为两种：威胁式、非威胁式。威胁式权力依赖于关系网络中一个企业对其他企业的惩罚能力。这种权力的应用是一种强权行为的反映。但是，这种权力的应用会增加成员关系的紧张感和沮丧感。非威胁式权力有以下四种基本来源：奖赏、合法性、指示、专家。Frazier 和 Antia（1995）结合渠道关系的治理，从协调和威胁两个方面分析了网络中组织间权力的运用过程。

Belaya 和 Hanf（2011）通过实证分析论证了威胁权、奖赏权、专家权、合法权、指示权和协调、合作之间的关系，最终证明威胁权的应用可以积极影响供应链管理的协调机制，但对成员合作的影响是消极的。

Ireland 和 Webb（2007）将网络中的权力划分为强制式和非

强制式两种。强制式权力主要是指核心企业对成员企业的惩罚和威胁。非强制式权力是一种促进预期行为的奖赏权。同时从资源依赖理论说明在网络组织关系中权力的形成与管理。当企业拥有有价值的、稀有的资源时就可以获得凌驾于寻找这些资源的企业的权力。

魏江(2003)对生产网络内部的权力进行了界定。他认为网络内部的"权力"更多的是指企业经济行为中对其他成员企业的影响力和控制,而不是通常人们理解的政治统治力或借助武力实现的控制力。在集群内部应该构建适度、动态、开放式的权力场,从而促进核心技术在网络内的扩散,使处于权力中心的核心企业真正发挥龙头作用,带动集群的整体繁荣。

Rajan和Zingales(2000)在分析企业的权力来源时指出最强大的权力来自一种"所有权"。这种所有权是指对有形或无形资产的占有,如品牌名称、专利、技术等。这种所有权可以使得所有者在凡是使用资产的任何协商中获得权力。当然,所有者的权力大小取决于其所拥有的资源的独特性。

Rajan和Zingales(2000)以工匠和学徒的关系来说明层级治理的形成机制。虽然工匠掌握着技巧,但难以对学徒解释所有的细节,学徒只有出让自己的部分控制权来换取对相关技能的学习和掌握。联系到创新网络中,核心企业拥有一定的核心技术,因此技术专家权导致相互依赖关系的产生,使得核心企业可以利用其所拥有的核心技术来治理整个网络。

Boudreau(2010)指出,在合作网络中搭建技术平台时需要遵循国际技术标准。拥有核心技术的企业为了减少别人对自己利润的分享会降低进入障碍但同时引进系统内竞争。例如,索尼公司为了防止供应商的单一化,选择共享技术标准或者市场。开放的技术平台的形成可以引进外部知识,并且这些外部知识需要得到合理有效的应用。

Newig 等（2010）认为，由于企业内部知识存在缺陷，所以形成了企业网络。在网络中需要将不同的专家知识进行整合，并形成相互学习的网络环境。学习内容包括复杂系统的多元化、当地的专业知识或者当地缺少的专业知识等。但由于知识的复杂还会形成冲突，从而需要合理有效的治理，通过沟通交流形成一个知识共享平台。通过整合不同的知识源和竞争力可以产生一种新的网络治理方式。创新网络所吸收的来自不同领域的不同企业可以为整个网络提供一种新的有关学习的创新环境。在这种环境下，成员企业之间共享基本信念和规范。他们认为，在网络中集聚学习很重要，既包含个体的，又包含集体的。而学习不仅是指认知学习，更包括行为改变的学习。创新网络通过成员企业之间的沟通交流提供接触新信息的机会，同时对信息获取的过程施加影响。

Reed 等（2010）总结了不同学者对社会学习的理解，最终指出只有通过社会网络社会学习的成效才是最大的。社会网络的传统概念是指微观的网络，如个人与当地，或者是宏观的网络，包括组织、文化、集体行使、系统元素等。Boyd 和 Ellison（2010）有关社会网络的文献则阐述社会网络是如何影响人们的观念和行为。这种影响是社会成员一对一的相互影响，同时可以建立更强大的社会网络结构。而这种影响最后引发网络成员的相互学习，并且可以形成一种权力。

Gerlak 和 Heikkila（2011）整合了组织理论、政策制定过程和变化、网络分析等相关领域的文献，建立了一个集体学习理论模型来指导合作网络情境下的学习,并通过案例分析论证了模型,证明了该学习模型可以诊断具体的学习过程类型。该模型对可能促成学习的协作结构、社会、技术等有很大的指导意义。

Wu（2008）指出，由于知识管理是一种重要的策略，所以很多公司期望可以通过有效的知识管理来提升自己的竞争优势。而成功的知识管理始于正确恰当的知识策略，并且知识管理策略的选择需要大量的对于复杂因素的多重评估标准。

Easterby-Smith 和 Lyles（2011）指出，现代企业越来越重视知识管理和组织学习，主要包括信息技术、市场和人力资源。他们认为学习型组织是现在企业必需的生存方式。而知识管理、组织学习不仅指个人的学习，更多的是指员工对知识的共享、整合和转移。企业在管理时需侧重引导员工的学习行为。

张不同和陈廷斌（2003）认为，在供应链的信息增值链上需要转化数据、信息、知识等，以免形成知识孤岛，使大量的知识资本以隐性方式存在而导致决策困难。因而在供应链管理中要引入知识管理思想，实现知识的共享、交换等，通过对已有知识的理解、选择、汇集、整合等过程最终获得知识集合的一致性、完整性，最终形成一个企业资源不断集成、流程不断优化、指数不断提炼的共享的供应链智能化集成系统。

Wu 和 Wang（2011）在强调核心企业的重要作用时指出，核心企业在产业集群内扮演着领导使用教育结构和创新结构的角色。一旦核心企业使用了一种新的技术或标准，就可以激发其他企业对创新的不断需求，因此核心企业也是一个激发新知识和新技术的领导者。他们还提出在学习网络中应该采用集体学习的方法，很多学者认为知识共享和扩散方式的集体学习可以促进集群的技术创新。

翁莉等（2009）认为，目前国内企业的知识创新主要通过两条途径：自主知识创新和外部知识获取。企业为了获取外部的有用知识信息，会选择进入知识供应链中。知识供应链是指以满足最终用户知识需求为目标，通过供应链中不同主体对知识从最初的形成到知识共享、转移、创新、应用,直到最终进行知识消费的整个过程,是由高等院校、科研院所、知识代理机构、生产企业和顾客等不同产学研知识创新主体所构成的,以满足知识供需平衡的动态知识网络。其最显著的特征是知识型企业的经营活动不再是以物流为中心,而是以知识流的活动为中心,围绕知识创新活动而展开。在知识供应链上必然存在一个核心主体来管理链上的创新活动,核心主体的创新能力对整个知识供应链起着决定性作用。知识供应链的实质是知识创新,其管理目标是追求知识的经济化与实现整体化和利润最大化。

综上所述,核心企业在整个网络中的地位决定了其在网络治理的作用以及权力作用的方式,这种作用方式主要体现为核心企业运用权力调整网络成员行为,管理网络成员活动。而目前对核心企业在创新网络中的治理方式一般采取二分法,主要可分为强制式和协商式。

三、信任在创新网络治理中的作用

对于创新网络来说,网络中成员之间的相互信任是非常重要的。

Levitt(1986)认为,充满信任的合作关系是企业的一种无形价值资源,能够影响双方交易的结果。

Morgan 和 Hunt(1994)指出,信任在交易关系中具有重要的影响作用,它鼓励合作的关系企业之间建立并维系长期的合作关系,使得双方合作达到长期利益的最大化,同时避免了机会主义行为的出现。

Hewett 和 Bearden(2001)指出,在供应链关系网络中,供应链成员之间的信任是双方合作关系的基础，同时也是成功合作的关键因素，它影响着双方之间日常的交易以及共同的长远发展目标。

Goodman 和 Dion（2001）在研究中指出，在供应链中，制造商与分销商之间的信任程度能够影响双方之间的合作关系。在不同的合作关系中，双方之间的权力关系不同。在充满信任的合作关系中，这种权力的运用则不是很明显。

Zhao 等（2011）在供应链整合的研究中指出，成员间不同的关系水平对应着不同的权力运用形式。在这种合作中，专家权、参考权以及奖赏权对于成员之间的关系影响比较大，同时在充满相互信任的合作关系中，权力的运用水平较低，双方能够很好地维护对方的利益。

Waheed 和 Gaur（2012）认为，在顾客需求市场不确定时就需要建立相应的顾客依赖，这便需要企业所生产的产品对于顾客来说是重要并且亲切、熟悉的，而这种顾客依赖会使得顾客对于企业产生信任，依赖程度越高，信任程度越高。

Cai 等（2012）指出，在供应链网络绩效的提升中，知识共享起到了相当重要的作用，而供应链网络中成员之间的关系能够影响知识的分享，成员之间的信任以及网络中权力的运用是影响知识共享的重要因素。其中，信任对于知识共享的影响更大，也就是说，当供应链网络成员间存在较高程度的信任时，网络中的核心企业不需要使用太多的权力便能很好地促进知识的分享。

Blois 和 Lacoste（2006）指出，权力可以被称为"全部的信任"，这也就说明信任与权力可以相互替代，当存在较高水平的信任时，企业通过低水平的权力使用便可达到预期目标。

Panayides 和 Venus Lun（2009）发现，在供应链网络中，合作双方的信任程度是良好合作绩效的有力保证。在拥有较高信任水平的供应链中，其整体绩效往往相对较高，且其中成员之间合作顺利，不需要太多的控制手段去规范、约束对方的行为，并且机会主义等有害合作关系的行为出现的可能性较小。

Zhao 等（2010）在研究煤炭电力供应链网络时指出，信任与权力是供应链治理中两个重要的内容，信任可以减少成员之间的交易成本，而权力可以有效限制网络中的机会主义行为，因此在煤炭电力供应链网络中，构建信任与权力平衡的治理机制是十分重要的。

Teimoury 等（2010b）在研究新产品开发企业联盟关系时指出，信任可以很好地促进成员之间的关系连接，而垂直权力的使用则会影响成员之间的关系连接，而有效的关系连接是新产品顺利开发的基础与保证。在新产品开发企业联盟中，信任是十分重要的内容，在充满信任的联盟中，损害联盟整体利益的行为很难出现，因此权力的使用水平较低。

同时，Teimoury 等（2011）在研究中还指出，信任和单方面的权力控制影响着新产品开发的绩效水平，其通过影响企业间的联系强度来影响绩效水平。信任能够很好地促进企业间的联系强度，而单方面的权力控制会损害企业间的联系强度。

Wang 等（2011）指出，在供应链网络中，信任能够很好地促进企业的创新绩效，而约束、规定等手段则与企业的创新绩效呈倒 U 形的关系。他们指出，信任与约束之间是可以相互代替的，同时，在环境不确定性较高的情况下，信任的水平也较高，而约束行为较少。

Rosell（2012）指出，在新产品开发过程中，对于特殊知识的整合与分享需要成员间的信任，并且企业间不同的信任水平对应着不同的知识整合与分享方式，信任程度越高，知识整合与分享就越顺利，此时机会主义行为出现的频率较低。企业不需要用过多的控制权去约束他人的行为，同时，良好的知识整合与分享也能提高网络中企业之间的信任水平。

Fink 等（2008）指出，在中小企业联盟中，合作企业间需要很好地了解彼此，因此联盟中企业之间需要存在信任。而高水平的合作强度能够很好地提高成员之间的信任程度，在高水平的信任程度下，企业之间合作顺利，不需要太多的权力约束便能够很好地提升整体绩效。

Fink 和 Kessler（2010）指出，企业合作经验与以行为准则为基础的信任是企业的关键资源，并且这种信任对于商业绩效的贡献程度更高。因此，企业应该重视合作质量，在企业关系中运用较为灵活的治理方式，而不是较多地进行行为控制。

Yaqub 等（2010）指出，在战略网络中，节点之间良好的合作关系能够更好地提高成员之间的满意度与相互信任水平，这种高度信任能够很好地增加组织间的相互承诺，从而使得网络中权力控制行为相对减少。

Liu 等（2008）指出，在营销渠道中，关系的稳定度与成员间信任呈正相关。当关系越稳定时，成员之间的信任程度越高，同时这种营销渠道也就越稳定，这种良好的关系以及信任度能够很好地保证成员顺利解除渠道中的关系风险。

Liu 等（2010）指出，供应链中供应商存在算计型承诺。也就是说，若供应商的算计型承诺较高时，购买者忠诚度便会下降，从而导致机会主义行为的出现，同时供应商的忠诚度也会下降。这也说明，在信任程度较低的供应链中，成员之间的关系水平不稳定，机会主义行为出现的可能性较大。

Jambulingam 等（2011）指出，在供应链网络中，信任可以很好地提升供应商与购买者之间的忠诚与关系强度，并且在致力于忠诚合作关系的网络治理中起到了中介的效果，从而保证了供应链网络的稳定性。

Squire 等（2009）在供应链网络中研究供应商与购买者的关系时指出，知识的流动与成员间的关系呈正相关，而信任与网络绩效正向调节成员间的关系。

Gil-Saura 等（2011）指出，在供应链网络中，成员之间良好的关系水平能够很好地促进成员之间的长期合作关系。在这个过程中，信任可以很好地促进成员间关系水平，减少机会主义等短期利益行为，维护成员间各自的利益。

Yaqub 等（2010）指出，战略网络中良好的绩效水平能够很好地提高成员满意度，从而减少权力的使用，提高网络中的承诺水平。同时，这种满意度也能促进成员之间的相互信任，从而正向调节网络中的承诺水平。

Zhao 和 Lavin（2012）在研究新产品开发时指出，信任、交流以及供应商的灵活性能够正向影响网络中的知识转移与流动，同时，良好的知识流动可以很好地提升新产品的开发绩效。

综上所述，学者们普遍认为信任在网络治理中发挥着重要的作用。不仅权力运用受到信任度的影响，信任同时也对治理的绩效产生显著影响。

第五节 述 评

从现有研究来看，学者们在网络治理方面进行了大量的研究，并且也关注到权力在网络治理中的重要作用。目前，网络治理的研究对象多为供应链、战略联盟、企业生产网络等网络组织形态，而针对创新网络的研究成果较为缺乏。

首先，现有研究已经开始认识到，对于创新网络这种高度松散的合作创新网络的有效治理，应建立在对于其组织间关系深入认识的基础之上。网络组织间关系形成的基础是各节点所拥有的核心资源，组织成员彼此之间的资源依赖决定了各自在网络中的权力地位，从而在实施上形成了网络组织间的权力依赖关系，这种权力依赖关系就决定了特定的网络权力分布，从而形成既定的网络结构，而这种权力分布对网络治理起到决定性的影响。但是，现有研究大多关注于联盟、供应链等关系紧密型网络组织，对这类以实物或资本为纽带的网络组织关系研究较多，而缺乏针对创新网络节点之间互动关系本质方面的深入系统分析。这导致创新网络治理缺乏理论研究基础，相关研究难以给出有说服力的解释。本书认为，创新网络的松散、自发及知识密集特征使得网络权力只能来自节点企业掌握的核心知识资源，创新网络组织间权力依赖关系建立在核心知识存量与知识能力的差异之上。也就是说，创新网络中的权力就是知识权力。所以，创新网络治理实际上是一种基于知识权力运用的网络治理。因此，需要深入研究创新网络知识权力在节点间的分布特征，刻画其知识权力分布，从而有针对性地揭示不同权力分布下的创新网络治理方式。

其次，关于网络治理的具体方式方面，现有的研究开始关注不同网络治理主体的治理行为及其特征，并从不同角度对组织间关系在网络治理中的运用进行了一些研究。大量研究认识到核心企业对于关系不均衡网络组织的治理发挥着非常关键的作用。研究已经认识到，网络治理的主体主要是核心企业，治理方式主要是权力的运用。而且，现有研究在对核心企业权力作用方式上的认识大体一致，即从控制和影响两个方面加以分析。但是，控制和影响在不同性质的网络组织中究竟有何不同现有研究没有涉及。现有研究大多集中在单向的资源控制的基础之上，从而导致对于核心企业在网络治理中的作用机理揭示不足,不能满足以核心企业作为创新网络治理主体的理论研究和实践指导的要求。本书认为,创新网络治理最有效的方式就是网络中的核心企业运用自己的知识权力来协调节点之间的关系,实现系统整体知识创新。因此,需要结合创新网络知识权力分布特征、网络知识活动的内在规律,深入探讨基于知识权力的核心企业网络治理的主要方式及治理目标。另外,权力的运用容易引起网络成员之间的对立,在探讨核心企业知识权力作用方式这一过程中,应充分重视非核心网络成员的接受程度。所以,需要从双向关系的角度进行深入分析,研究核心企业在治理的有效组织方面的重要作用与行为方式。

最后,现有对于网络治理绩效的相关研究,虽然在不同性质网络治理绩效的分析上各有差异,但在创新网络治理绩效上基本达成共识,即知识共享、创新独占与网络稳定。现有研究也认识到权力运用与网络治理绩效密切相关,也有大量研究对于信任在网络治理中的作用进行了较多的相关分析,研究发现信任在网络治理中发挥着不可或缺的作用。很多学者将信任与权力看作可以相互替代的两种网络治理手段,或者认为这两种手段在网络中是并存的,需要在网络治理中实现二者的平衡。但现有相关研究较多地关注了信任对于权力选择的影响。本书认为,从根本上来看,网络治理中权力究竟如何运用取决于权力拥有者对于自身权力相对优势的判断而非信任。另外,不可否认的是,权力运用的结果很大程度上受到信任程度的影响。但是,现有研究对此揭示不多或针对创新网络的分析稍显缺乏。所以,从理论上揭示知识权力不同作用方式与创新网络治理时信任究竟发挥何等作用,显然有助于更全面地掌握知识权力作用下的创新网络治理内在规律,对于建立创新网络治理中知识权力运行的保障机制具有重要意义。

由此可见,合作创新的成功和网络组织理论与实践的发展,均需要对创新网络治理进行深入、系统的研究。在这一研究过程中，应紧紧围绕创新网络组织间关系的本质特征，分析核心企业知识权力行使的作用方式与过程，探讨创新网络健康发展的运行机理。

第二章
概念模型及研究假设

第一节 相关概念界定

一、知识权力分布

1. 知识权力集中度

Emerson（1962）指出，在网络中，由于个体间与各利益团体间存在着先天性的差异，企业权力结构中的权力分布状况必然存在着潜在的不均匀性。Mintzberg（1983）指出，作为联盟组成部分的成员企业之间也存在着权力的分布问题。在网络中，权力会较多地集中于某一企业，网络关系中的权力集中是网络行为者位置的体现，其网络地位主要体现在价值链环节的占据与价值的分割行为当中。

在 Casciaro 和 Piskorski（2005）的研究中，网络中权力之所以会不均衡，是因为双方的相互依赖程度不同，若 A 对 B 依赖程度比 B 对 A 的依赖程度大，则 B 对 A 来说就具有一定的权力。这种因素产生的条件便是因为双方的资源差异。这种权力的不均衡使得它们之间的影响力不同，权力较大的成员会更多地影响权力较小的成员。

Ingold（2011）指出，网络中存在一个权力集中者，网络的存在很大程度上是因为它与其他网络成员之间的权力关系以及网络发展政策的具体实施。同时，权力拥有者对于网络发展作出具体的战略规划，而在这个过程中网络结构也会发生变化。Henry（2011）在研究政策网络时指出，权力拥有者的意识形态在网络中会影响其他的企业行为以及整体网络的发展战略，网络成员间的合作关系很大程度上受到他们对于这种影响关系的感知程度。

Yamina和Forsgren（2006）在研究跨国公司时指出，子公司所获得的权力来源于从母公司获得的战略资源，资源越丰富则权力越大。在创新网络中，核心企业因为其知识、技术等资源优势能够对网络成员产生影响力，这便是核心企业网络权力的由来，资源越丰富，权力越大。因此，在创新网络的治理中，核心企业是主导者，通过自身的知识资源优势，对其余的网络成员产生一种影响与控制，使得网络成员的行为符合网络的整体利益，从而达到网络治理的目的。而对于不同的创新网络，其所拥有的网络权力强度也不尽相同。Casciaro和Piskorski（2005）在研究中指出，网络中成员权力的大小取决于其他成员以及网络对于其所有资源依赖性的大小。同时，在联系、交流紧密的网络中，权力的集中度对于其结构以及关系水平都有一定的影响。因此，在不同的创新网络中，网络成员对于核心企业知识资源的依赖程度不同使得核心企业的网络权力也不同。当网络成员对于核心企业知识依赖程度较大时，网络权力便会更加集中于核心企业之中；而当网络成员对于核心企业知识资源的依赖程度较小时，网络权力便会更加分散于核心企业与其他网络成员之中。

所以，企业网络中客观存在着权力分布不均的现象，有些企业凭借突出的资金、技术实力占据着网络价值链的战略环节，享受着超常的利润，并对网络或产业中的价值流动与技术转移产生影响。还有一些企业由于长期的优秀业绩与悠久的经营历史享有良好的声誉。这些企业占据着网络的战略位置，对企业网络有着一定的影响作用和支配作用，能控制网络收益分配。这些企业有能力吸引更多的企业与其组成合作网络。一个企业建立的联结或联盟越多，它的核心程度就越高。大量的外部联结使核心程度高的企业在信息的数量、质量、时间上占有优势，也在资产、技术的流动中占有优势。当节点企业拥有作为网络成员生存前提的关键能力,如核心技术、品牌资源、大规模的生产分销能力并且不可替代时,其他成员就会对其产生高依赖性,该企业取得对网络能力的支配权,资金、信息、技术等相对其他企业产生正流向,这时它居于企业网络的中心位置。而在创新网络中,少数企业掌握着至关重要的核心知识资源,因而会凭借其关键资源和能力占据关键网络位置,在网络中就体现为企业的网络权力地位。也就是说,在网络中处于核心地位的企业,处于网络中知识与信息传播的有利地位,这些节点企业由于拥有位置的优越性,在网络中更能获得资源,而网络其他节点也更愿意和这些节点交流。因此,这些企业往往对其他成员有很大的影响力,对网络中的战略制定和实施具有关键影响,拥有较大的权力,而这些企业往往是掌握关键技术、产品或市场的核心企业。

综上所述,本书认为,在创新网络中,成员间因资源占有多少的差异而导致企业间依赖关系的不平等,进而网络中会出现权力不均衡的现象,这往往会形成权力集中的状态,即权力下层单位会让渡一定的权力予以权力上层单位以获得一些仅靠自身能力无法获取的稀缺资源。创新网络中成员在功能上是相互依赖的,因而网络中的成员都有一定的网络权力,但这种权力在网络成员中的分配是不均等的,也就是说,网络出现了权力集中的情况。就创新网络而言,知识权力是网络权力的一种重要的表现形式。在知识经济到来的今天,知识能够为创新网络内的企业带来更多的话语权和更强的不可替代性,也就是说,知识能够给企业带来更大的网络权力,即创新网络的知识权力。本书认为,创新网络中企业的知识权力是指企业由于掌控其他企业发展所必须依赖的关键性知识资源而使其拥有影响网络中其他企业成员行为的能力。因此,本书提出知识权力集中度的概念,并以此作为网络知识权力分布的一个维度。本书将其理解为：在创新网络中，不平衡的知识资源依赖导致网络中知识权力的倾斜，知识资源依赖高的一方会让渡权力给知识资源依赖低的一方以获得发展所需的关键性资源，从而出现知识权力集中于被依赖方的现象，知识权力集中的程度即为知识权力集中度。

2. 知识权力距离

在创新网络中，网络成员的价值体系和行为方式会经常发生变化，网络成员内心更倾向于平等和独立，但网络中权力分布往往会出现集中于某一企业的现象，权力较大的成员就处于较高的网络地位，其会使用特权，会主导资源以及利益的分配。那么，网络中的其他成员是否会感知以及是否会接受网络中权力分配的不平等性呢？其在行为上是否会敢于挑战权威，从而迫使网络领导者的行为发生相应的改变呢？

网络成员对权力的认知情况在网络权力的研究中是不得不探讨的问题。在这里，本书引入权力距离的概念，从网络非核心成员的角度对网络权力分布加以描述。

Hofstede（1980）将权力距离定义为社会对组织中权力不平等的可接受程度，它能反映社会中弱势成员和强势成员的价值观。后来，Hofstede（1986）修正了权力距离的定义：权力距离指人们预期和接受权力分配不平等的程度。一般来说，在权力距离大的文化中，人们期望和接受权力集中在少数几个人手中的分等级的组织化的社会体系；而在权力距离小的文化里，等级层次较少，也更加分散化，个体有更多的机会参与和组织各种活动，能更加发挥个体的积极性和主观能动性。权力距离出现于社会学研究领域，但通过前面的综述可以发现，近年来，越来越多的管理领域的学者意识到权力距离在组织中的重要作用，学者们将其引申到更广泛的范围，如合作组织、合作网络等，并在网络治理研究中有一定的涉及。

结合本书的研究目的并参照以上学者的观点，本书认为，在创新网络中，知识权力距离是指网络中成员对于由于知识资源及能力差异而形成的既定网络知识权力分布可以接受并且认为是必然的程度。这里，需要说明的是，本书所提的知识权力距离不探讨一个组织拥有的知识权力大小，而在于不管其拥有的知识权力大小，其能够在创新网络中接受或预期知识权力分配不平等的程度，即其对这种知识权力分配不平等的态度。

二、知识权力作用方式

Luo 等（2011）在其文章中将权力定义为一方所拥有的控制重要决定和资源的能力。在供应链管理中，权力运用很重要。根据权力的来源，将权力作用方式划分为强迫式（债务或惩罚）和非强迫式（建议或奖赏）。强迫式权力是指一个成员给目标成员施加压力，从而使其按照特定的具体方式来执行或者行动。如果结果是失败的，那么将由这个成员对其进行处罚。非强迫式权力是指通过协助与建议达到在购买者和供应商之间聚集更大的价值和利益的目的。

Hanf 等（2012）指出，权力的作用无非是控制、命令、影响、决定意图、决策或者行为。

景秀艳（2007）认为，生产网络中领导公司采用定价、信息、认证等控制方式对整个供货网络进行管理。张云逸（2009）认为，凭借特定资源的拥有，核心企业在网络中具有绝对的话语权，有制定规则的能力，享受网络的进入权和管理权，并且在这个基础上，提出了网络中技术权力的作用方式：股权控制、标准控制、专利控制、技术锁定。同时，他将技术权力定义为：在特定的生产领域，拥有核心技术的企业通过技术资源的应用来控制或动员其他企业，以实现其自身意愿的能力。

根据核心企业在整个网络中的地位和其在网络治理的作用以及权力作用的方式，本书认为核心企业主要运用知识权力调整网络成员行为，管理网络成员活动。通过文献综述发现，核心企业在创新网络中的治理方式分为以下两种：强制式和协商式。强制式是指用其所拥有的权力强迫成员企业为了网络的整体利益而执行某种决策；协商式是指利用核心企业的地位及其在网络中的影响力，通过中间协商解决网络成员企业之间的冲突，最终达到共赢的目的。

但本书认为，将治理方式区分为强制式和协商式是基于研究对象是联盟、供应链、生产网络以及公共治理网络，这种分法不完全适用于创新网络。在创新网络中，技术知识是网络权力的核心要素，甚至很大程度上可以说，正是拥有技术专家权，才使得核心企业对网络成员拥有成本、库存、信息、运营控制权。因此，创新网络中的强制式治理方式主要表现为核心企业对其他成员开展的知识控制。而在创新网络中，企业之间共享知识资源，要促进合作研发的顺利进行，就需要核心企业对于知识流动施加影响。在这一过程中，核心企业会更多发挥其影响力，积极引导网络成员开展学习行为，这就需要核心企业以自己所拥有的知识资源、技术资源形成一种学习示范、技术示范等，在网络中营造学习环境，去引导网络成员的学习。

Rajan 和 Zingales（2000）、Boudreau（2010）、Newig 等（2010）的研究指出，在创新网络治理中，权力的运用会有两种表现：一是核心网络成员凭借自己在技术、管理或者营销等方面的优势，通过某种形式对合作伙伴实施监控。而合作伙伴为了成功获取期望的某种专门技能,往往也不得不接受这种监控。这种监控来源于网络核心成员的知识优势,因此可以称之为知识控制。二是网络核心成员会根据自身的技术进展或者对于市场的判断,凭借在创新网络中的突出地位及出色的知识资源与能力而形成的网络影响力,有意识地引领创新网络成员间的学习行为,将特定知识与其他网络成员共享,从而强化网络成员对其知识的依赖,引发网络创业的追随效应。

基于以上分析,本书将知识权力在创新网络治理中的作用方式概括为两种:知识控制及学习引导。

知识控制就是核心企业凭借其知识资源的占有优势,发挥其强制性权力,以控制其他网络成员的知识活动,使其符合核心企业的期望。在创新网络中,知识控制主要表现为技术控制、专利控制、标准控制。可见,知识控制带有命令性质,属于利用控制力进行的网络治理。

学习引导就是核心企业凭借其突出的知识领先地位,发挥其影响力,通过自身的行为而非强制性的要求使其他网络成员在知识活动中自发跟随或模仿,从而达到柔性的治理目的,其主要表现为技术示范、创新导向、技术交流等。可见,学习引导带有榜样示范性质,属于利用影响力进行的网络治理。

三、创新网络治理目标

对于创新网络治理目标,本书认为,权力形式主体是核心企业,创新网络的治理是在核心企业的主导下进行的,核心企业通过自身对于网络成员的影响力,指导其他企业行为,从而达到治理目标。因此,本书接受 Dhanaraj 和 Parkhe(2006)的研究观点,认为创新网络治理的目标主要有三个：推动网络内的知识流动，维持创新成果的独占性和创新网络的稳定性。

在全球化竞争的环境中，公司已开始向新产品研发和服务的网络化合作转变。于是，创新就涉及交易的高度不确定性和网络中的知识交换问题。从创新的角度来看，知识提供给组织创新的潜力，这个过程通常需要对先前分散的知识进行新的使用和重组。知识交换贯穿了新的地理区域，知识的内容变得越来越复杂。网络越分散、复杂，就越需要协调统一。知识共享是网络快速发展的必要条件。因此，创新网络治理的首要任务便是网络成员间的知识共享。作为一个协调治理者，核心企业首当其冲担负着增强知识流动与共享并激发网络中的竞争力的任务。在本书中，知识共享指创新网络成员与其他成员分享彼此知识资源的意愿及行为。

网络内知识的流动性促进了价值的创造。然而，网络治理的下一个任务是必须确保创造的价值被合理地在网络成员间分散，并且创新知识尽可能地被网络成员所掌握。知识是一种公共财产，可以以零成本来转移。知识的这种特性导致其很容易被传播的同时也很难被保护。因为网络中的知识共享通常伴随着搭便车和机会主义，因而知识的独占成为创新网络治理的另一目标。在本书中，创新独占指的是创新网络中合作创造的知识成果所产生的价值能被合理地在网络成员间分配并且这种分配被网络成员清晰地感知并认可其公平性。

作为松散耦合的组织形式，网络拥有两大优点：适应性和灵活性。但网络松散耦合也非常容易导致不稳定性，而这种不稳定性反过来会严重削弱网络创新的输出。在特定的创新网络中，不同网络成员可能有不同的策略、利益，甚至会与同一网络成员进行竞争。这种竞争压力会加剧网络的不稳定性，最终导致合作关系解体，成员间不再合作。因此，创新网络治理的第三个任务便是维护网络的稳定。本书结合创新网络松散耦合的关系特点,将网络稳定性定义为在网络成员之间有效的合作关系基础上,网络成功运行以及发展的程度。

四、组织间信任

信任是促进组织间得以长期相互合作的一种社会现象,尤其在当今高度不确定及复杂的社会中,组织间信任已成为一种取代直接监控、层级力量之外的管理机制。组织间信任的建立、合作的调整能够加深双方之间的认同,从而提高网络成员学习的愿望,通过成员之间相互的信任,可以降低机会主义倾向,产生更多的知识交换,冲突的协调和合作的调整有利于降低网络成员的沟通成本,使知识转移更容易、成本更低。王建军和王正斌(2011)通过对组织间合作、信任、不确定性三者关系的国内外研究的回顾认为,组织间合作是对不确定性存在的一种有效的缓冲,降低了单个组织的风险;组织间信任能够促进组织间合作,同时减少组织间的不确定性。

McAllister(1995)认为,信任存在两种基础:认知基础和情感基础。其中基于认知的信任源于被信任者的技术、能力及知识,就是被信任者有能力去实施信任者期望的行为;而基于情感的信任则源自双方的情感联系,若信任者与被信任者之间存在紧密的情感联系,则可以预期被信任者会关注信任者利益,没有伤害信任者利益的动机和意愿。Johnson和Grayson(2005)在研究服务行业中的信任时也将信任划分为这两个维度,认为基于认知的信任是知识驱动的,取决于被信任者的能力和所掌握的知识;而基于情感的信任是情感和关系驱动的,取决于双方的关系强度和情感依赖基础。

本书综合以上学者观点认为,创新网络组织间信任是网络成员彼此间接受对方的态度,这种态度建立在成员间彼此能力认知及情感认知的基础之上。

第二节 概念模型的建立

在创新网络中,核心企业通过自己特有的资源优势,特别是知识资源,使网络成员对自己产生一种依赖。例如,Kärreman（2010）指出,关键知识和知识的学习是网络组织中必不可少的资源,是网络组织不断占据市场、引导市场发展的重要保证,关键知识拥有者在组织的日常运转中形成权威,这种权威就会形成网络权力,从而改变网络组织的战略规划与发展。Teimoury 等（2010a）在研究中指出,权力使得核心企业对于其他实体成员产生一种控制力,这种控制力可以影响成员的行为以及网络的产出。而对于不同的创新网络来说,网络成员对于核心企业拥有的知识资源的依赖程度也不尽相同,因此在不同的创新网络中核心企业所拥有的网络权力大小也是不同的。Bazyar 等（2013）发现,权力的不均衡分布会影响核心企业知识权力作用方式,也就是影响技术创新网络的治理方式。因此,在创新网络中,核心企业网络权力的集中程度会影响核心企业对于网络的治理。

Ferrer 等（2010）指出,相互依赖的程度决定了网络权力失衡的程度。在网络关系治理中,权力起着决定性的作用。权力较大的一方往往会更积极地运用权力去影响其他网络成员。权力越集中,核心成员越强势;权力越分散（由于权力优势不明显）,则核心成员在权力使用上越柔性。

Meehan 和 Wright（2011）在研究供应链网络权力结构时指出，网络成员在网络中的个体行为主要受到网络权力结构及权力特征的影响。权力结构决定了权力在网络中的表现。

Magee 和 Smith（2011）指出，权力优势地位个体在网络中有更大的支配权，其往往会试图控制权力位置较低的个体。

Ebrahim 等（2009）指出，在权力较为分散的虚拟研发网络中，网络成员往往试图将自己的想法或创意通过示范、交流等形式扩散至网络中，以试图引导其他成员接受自己的想法。

Kim 等（1998）认为，由于合作组织间的权力分布是不均衡的，行使自身权力的网络组织成员会受到权力比它多或比它少的同盟者的报复，且向上报复（低权力者报复高权力者）要多于向下报复（高权力者报复低权力者）。而这种报复程度显然取决于其他成员对权力分布的不公平感知或接受程度。在权力距离较高的创新网络中，成员更容易接受网络权力的不平衡性，而在权力距离较低的创新网络中，成员普遍不容易接受这种权力的不平衡。所以，权力距离必然对核心企业运用知识权力进行网络治理的具体手段产生影响。

Graf 等（2012）研究表明，权力距离在合作关系中发挥着重要影响。高权力距离文化背景中，强权一方往往忽视协商，而会采取比较强势控制等方式调整彼此的关系。低权力距离文化背景中，即使权力占优势的个体也会更多采取协商的方式调整彼此的关系。

Dawes 等（2011）研究了跨国知识网络中的知识与信息共享，指出权力距离越小，知识网络中学习行为越普遍，知识与信息的交流与共享程度越高。

Zhang 和 Begley（2011）指出，权力距离在网络中的影响远比人们已知的要复杂。权力距离对权力运用的影响及其对网络成员参与行为的影响仍有待进一步研究并加以澄清。

Tarakci 和 Groenen（2011）指出，权力的概念类似于关系能力，权力表现在具体的网络行为中，这种行为可以产生影响关系的能力，因此，网络中权力的类型需要根据关系能力的水平去确定。

Poppo 和 Zenger（2002）认为，企业间关系处理得越好，说明彼此建立的信任水平就越高，这有利于企业间合作的顺利开展。

Castells（2011）指出，权力可以影响社会网络关系中特定的项目内容，同时可以决定网络中占主导地位的权力关系以及同外部网络之间的联系。

Simpson 等（2011）指出，相对于高权力水平的网络，低权力水平的网络能够更好地促进成员之间的关系以及合作，更有利于网络的发展。

而 Maloni 和 Benton（2000）在研究权力对供应链整合的影响作用时认为，关系质量对供应链绩效有着显著的正向作用。

Ring 和 van de Ven（1994）明确提出，网络绩效是由企业间的关系水平决定的。成员企业间关系保持得越好，就越有利于网络绩效的提高，以及网络创新绩效的提高，这样，权力使用方对网络治理绩效的影响作用也就越大。

Henry（2011）在研究权力作用下的政策网络时指出，以资源依赖为基础的权力与网络结构有着很重要的关系，同时在权力的作用下，网络中成员之间资源、知识、信仰以及价值观的共享构成了网络发展的主要驱动力。也就是说，在权力作用下，成员之间的合作会加强，网络中会出现更多的学习以及合作行为。

Neal 和 Neal（2011）指出，简单来说，组织中权力是在资源的交换中产生的，权力可以被测量，同时权力可以影响组织的结构以及组织的发展方向，促进组织流程的顺利开展，并且控制组织中的各项事务。

Bunderson 和 Reagans（2011）认为，权力大小的不同使得网络中成员等级不同，这便会影响组织中的学习行为。这种等级的不同会导致网络中学习行为中确定共同的目标、创新风险的承担以及知识共享变得复杂化，高风险行为者过多地运用权力会阻碍组织中的学习行为。

Lawler 和 Proell（2001）在研究中指出，一方面，权力是阻碍组织发展的负推动力，分裂组织的力量，权力的拥有者更多的是通过权力去控制威胁权力的作用对象；另一方面，权力可以通过组织中的奖赏以及激励去促进网络中成员之间的合作。

Handley 和 Benton（2012）通过对 102 个 IT 行业的样本研究指出，强制权可能会抑制网络内的机会主义，而非强制权则在此方面不会有显著改善。

Benton 和 Maloni（2005）研究认为，企业通过专家权的运用，对缺乏但渴望得到关键性知识资源的企业进行技术和人才上的输出以及专利标准上的支持。接收方获得了自己发展所需要的关键性知识资源并且得到政策、标准上的支持后，对权力使用方的信任与感激度会提高。可见，拥有关键性知识资源的核心企业，为了使合作顺利地进行，会通过专家权力的运用，将技术、人才等输送到合作方企业那里，帮助其顺利地发展，这可以加强核心企业与其他合作企业之间的合作关系，促进合作的顺利进行。运用专家权力，也会对冲突的发生起到遏制作用。合作企业之间有时在技术的运用、人才的管理、标准的制定等方面会产生分歧，过度的分歧会导致企业间冲突的产生，此时如果核心企业能够依仗自己所具有的专家权力，对冲突的发生进行合理的预判，并在冲突尚未发生时对其进行及时的遏制，则会促进合作企业间关系水平的提升。同样，如果合作企业间已经产生了冲突，那么核心企业通过运用其所具有的专家权力，也可以使冲突得以化解。因此，运用专家权力，有助于对可预见性冲突进行遏制，并对已发生的冲突有着良好的解决作用；通过解决冲突，企业间关系质量得以提高，无疑将提高网络的稳定性。

Ireland 和 Webb（2007）认为，通过对合作企业的奖赏，可以对其产生正向的激励作用，加深其对权力使用方的感激与信任程度。核心企业做到赏罚分明，也能促进企业间合作的顺利进行。而这种奖罚分明对于防范机会主义、保护网络合作成果不至于外泄以及在成员间的合理分享机会产生积极作用。另外，通过奖赏权的运用，可以为企业间承诺的履行提供保障，履行自己承诺的企业，将会得到奖赏，最终企业间关系质量将会不断地提高。

Rokkan 和 Haugland（2002）认为，当企业使用强制权时，会使合作方企业产生逆反心理，其会认为权力使用方在故意挑刺，借机说事，制造事端，这会大大损害合作双方之间建立的理解与信任关系，从而导致关系水平的不断降低。这说明，权力的作用方式对于网络稳定有显著影响。

Brown 等（1995）的研究指出，关于权力的使用对于网络成员间关系的影响结论尚不明确，研究结论相互矛盾。一些研究发现强制性权力的使用会降低渠道成员间的合作意愿，而另一些研究则认为二者之间没有显著影响；一些研究发现非强制性权力的使用会增强成员间的合作意愿，但也有研究指出二者之间关系不显著。甚至有些研究得出了相反的结论，如 Frazier 和 Rody（1991）在对美国工业品分校区的研究就认为非强制权力的使用可能会增加冲突；Johnson 等（1993）针对美国制造商与日本分销商之间的研究显示，美国供应商使用强制性权力与日本分销商感受到的关系质量之间存在正相关关系。

Willer 等（1997）在研究中指出，权力会产生影响，同样地，影响也会反作用于权力。网络成员的情绪反应对于权力产生的影响会有一定的调解作用。当权力与影响力作用方向不一致时，就会损害网络的整体利益。

Zhuang 等（2010）研究指出，情感在网络权力的行使过程中有着重要的作用。在非强制性权力行使中其会发挥正向作用，而在强制性权力的使用中其会产生负向影响。情感在促进彼此的合作上会发挥积极的作用。

Leonidou 等（2008）通过对151家美国工业品制造商的实证研究指出，强制性权力的使用会减弱彼此之间的关系，增加冲突，从而影响合作，而非强制性权力则影响较小。同时权力的运用对于冲突的影响受到信任的调节作用。

Terpend 和 Ashenbaum（2012）指出，不同类型的权力对于网络绩效的影响是不同的，在研究权力如何影响质量、成本、创新及灵活性等网络绩效过程中，必须考虑信任、网络规模等因素与权力的交互作用。

Mutch（2011）研究发现，权力越集中，成员的公平感知反而越强；权力越均衡，成员间的不公平感知及冲突反而会增强。同时，权力的运用效果会明显受到诸多因素的影响，彼此之间的信任不容忽视。

综合以上分析可以发现，网络内的权力失衡程度以及成员的权力距离感知会对权力手段的选择产生影响。而不同类型的权力使用方式对于网络中的知识活动、机会主义以及关系产生的影响各不相同，且学者们在此方面的研究结论也有显著差异。学者们基本上达成了共识，信任在权力行使过程中会产生重要影响，但对于具体的影响结果则尚不明确。基于以上分析，结合本书的研究目的，本书建立以下概念模型（图2-1）。

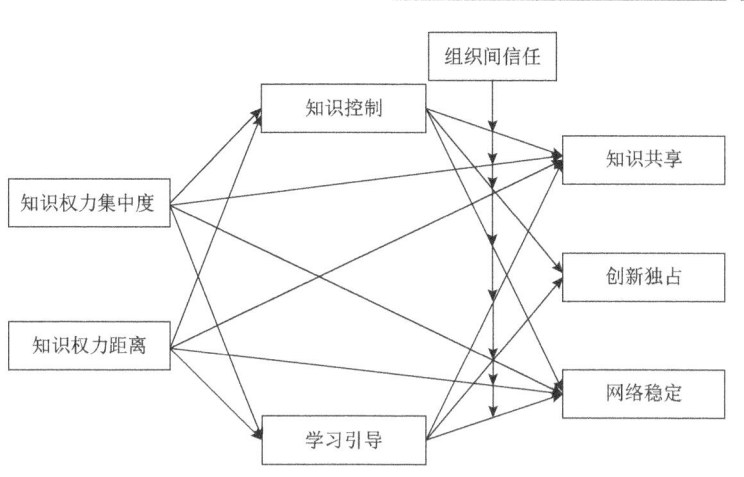

图 2-1　本书概念模型图

第三节　研究假设的提出

一、知识权力分布对知识权力作用方式的影响

Molm（1981）在研究中指出，在权力不均衡的条件下，可以通过权力的强度以及形成的不同对这种不均衡性分别进行研究。若在组织中存在权力不均衡的情况，拥有权力的一方会对其余成员的行为产生一定的影响，从而使得行为结果符合整体利益。当网络中成员对于核心企业知识资源的依赖程度较高时，核心企业就拥有较大的网络权力，网络中的权力便会越集中于核心企业。Keltner 等（2003）指出，权力可以影响行为，并且随着不断增加的奖赏以及自主性，权力会越来越集中，而过多的威胁、惩罚以及社会限制会导致权力越来越分散。Galinsky 等（2003）在研究中指出在一个群体或者网络中，那些拥有权力的成员就像是网络中游戏规则的制定者，并且权力越大，对于网络成员的激励作用

就会越明显，对于他们行为以及目标定位影响也越大，同时对于群体的发展所起的作用也就越大。Willis 和 Guinote（2011）在研究中指出，权力对于目标的实现有两方面的影响：第一，权力影响个体目标的设定；第二，权力影响目标的具体实施。一般情况下，网络中目标的设定通常都是由权力集中的个体进行的。同时，相对于其他权力较弱的个体来说，这些权力集中的个体对于目标实施过程中的控制更为有效。Teimoury 等（2010a）在对新产品研发网络的研究中认为，网络中的权力使得核心企业对于其他实体成员产生一种控制力，这种控制力可以影响成员的行为以及网络的产出。这种控制力会产生两种控制机制，即单方面治理以及双向治理。同时，他们将网络中的权力区分为潜在权力与可实施权力。潜在权力是指交易双方从关系协议中获取利益的潜在能力；可实施的权力是指在双方的合作关系中可以使用的权力强度等级。他们还指出，权力也是不对称的，非媒介权力在网络治理中更加有效，媒介权力的过度使用会破坏网络的稳定性。Frazier 和 Antia（1995）结合渠道关系的治理，研究了为实现交易行为规范的目标，在网络中组织间权力的运用过程，从协调和威胁两方面分析了权力的运用过程，并结合交易行为的实现研究了组织间控制和影响力的作用过程。Greer 和 van Kleef（2008）在研究中将组织团队中的权力按照距离以及权力实际等级构建出不同的权力结构，并且研究了不同类型的权力结构与解决组织团队冲突的关系，每种权力等级对应特定的冲突解决方案，最后得出低等级的权力水平（近似于影响力）能够帮助组织团队更好地适应动态的环境的结论。Torelli 和 Shavitt（2011）在研究中指出，在垂直的结构体系中，随着资源的不均衡性加剧以及地位的增加，权力越大，越受到别人的认可；而在水平的结构体系中，权力则更多地被认为是一种被别人所赋予的，用来帮助他人受益的能力。因此，

第二章 概念模型及研究假设

不同的结构中权力类型不同,相应的治理方式也就不同。Lawrence等(2005)认为,权力将个体以及群体转化成为一个组织形式,并且根据权力类型的不同,组织中的学习也不一样。在权力较小的情况下,组织更适合通过一定的联系,组织成员间通过知识拥有者的解释与影响来进行学习。Blackler 和 McDonald(2000)指出,权力在团队的知识学习中起到了中介以及产出的效应,同时权力的等级以及组织的结构都会影响团队中的知识学习。在权力等级较低的情况下,团队中更多的是通过彼此间建立良好以及熟悉的关系来促进组织中的学习。从权力的角度来看,组织中权力的大小会对组织中的学习行为产生影响。在低等级的权力条件下,组织中的学习行为会很充分。Coopey(1995)认为,要想加强组织中的学习,需要在学习过程中加强双方的联系,同时需要确保知识具有较为强大的市场竞争力,在这个过程中,权力起到了构建良好学习关系的中介作用。这说明在网络的学习之中,权力在成员学习之间需要构建出良好的成员关系,这就需要权力的拥有者合理地运用权力水平,也就是说,较低的权力水平能够很好地促进网络中的学习。通过以上的叙述,本书认为,创新网络的治理方式一般分为两种:①单向治理,是指网络治理完全是由核心企业单方面进行的,通过其知识资源优势产生的网络知识权力控制网络成员的行为,本书将其定义为知识控制。②双向治理,是指核心企业的资源优势较小,难以控制网络成员的行为时,便与网络成员协商沟通网络的治理内容,本书将其定义为学习引导。在知识权力集中的创新网络中,核心企业便拥有较大的权力,这些强制权力可以在很大程度上控制网络成员的行为,并且核心企业的网络权力越大,这种控制力越大。也就是说,在创新网络中,核心企业的知识权力越集中,就越倾向于通过知识控制的治理方式进行网络治理。而在知识权力较为分散的创新网络中,核心企业更多的是采取沟通、协商式的治理方式。核心企业凭借自身在网络中的核心地位，在网络治理的过程中，通过与其他网络成员之间的互动、交流，共同开展技术创新活动，制定网络中的相关事宜，处理创新过程中出现的各种问题，并且在此过程中，影响网络成员的具体行为，达到网络的治理目标。综上所述，本书提出如下假设：

H1　创新网络知识权力集中度与知识控制正相关。即创新网络中知识权力集中度越高，核心企业越愿意实施知识控制的治理方式；

H2　创新网络知识权力集中度与学习引导负相关。即创新网络中知识权力越分散，核心企业越愿意实施学习引导的治理方式。

对于创新网络中成员感知到的权力距离，Leung 等（2011）指出，作为组织的领袖和决策制定者，领导者的权力距离导向会对组织产生一定的统领作用，领导者的权力距离导向对组织的文化氛围、沟通方式、决策程序等都会产生深远的影响。Zhang 等（2010）在研究购买者网络的过程中指出，相对于其他文化因素，权力距离的感知程度能更容易影响购买者的冲动性购买行为，高的权力距离感知往往对应低的冲动性购买行为。根据 Oyserman（2006）的研究，权力距离感知是指社会中人们对于权力、财富以及声望不平等性可以接受并且认为是必然的程度。从学者们的研究中可以发现，权力距离感知的不同会对核心企业的治理方式产生一定程度的影响。高权力距离导向的领导总是尽可能地避免来自下属的负面意见，认为这些负面意见会对自身造成威胁，使自己显得难堪和无能。在这种情况下，核心企业一般是通过资源优势以及地位去控制网络成员的行为的。Kirkbride 等（1991）认为，高权力距离导向的领导认为自己才是组织的决策者，在组织管理过程中，下属只需执行命令，不需要提出自己的观点或看法。高权力距离导向的管理者往往会注重自我展现,较少进行权力分享,并努力维持自己的权威地位,指导、控制网络成员的行为,并且不希望下属对自己有任何的异议。在高权力距离文化中,组织成员对于独裁、权力和财富的分配不公易于接受和容忍,容易形成等级制、集权化的组织结构;在低权力距离文化中,组织成员则崇尚公平与民主,重视专家或合法的权力,其组织结构一般比较扁平。Kreiser和Marino(2002)认为,资源依赖产生权力与控制,资源越不均衡,权力差异越大。当资源差别不大时,企业很难去控制其他成员的行为,此时便需要进行资源的整合,企业之间共同参与管理。Hong和Snell(2008)在研究日本企业在中国的跨文化组织学习中指出,统治性的权力能够规范组织中集体学习过程,同时这种跨文化的学习能够拉近彼此的关系,缩小双方之间的差距。在中国与日本,权力距离通常都比较大。在权力距离较大的情况下,网络中的知识与技术更多的是被核心企业的统治性权力所控制的。Ybema和Byun(2009)指出,在低水平的权力距离中,网络组织中的权力等级较低,成员之间联系较为紧密,彼此间合作较多。而较多的合作以及良好的关系能够促进网络中的知识学习,这也就说明,在低等级的权力距离条件下,核心企业能够很好地引导网络中的知识学习。通过对以上学者的研究分析可以看出,在高权力距离的情况下,网络权力较为集中于核心企业之中。网络中的权力拥有者,也就是核心企业,在网络治理中更喜欢通过资源优势产生的权力去控制下属的行为,一般不太重视下属的感觉以及建议。由于网络一般处于核心企业的控制、领导之下,核心企业会认为即使强制的控制方式,也不太会引起其他成员的激烈反对,反而能提高治理活动的效率,因此,对知识及其活动的控制便成为核心企业优选的治理方式。而在权力距离较小的网络中,网络权力较为分散。此时的网络治理,更多的是双向治理，也就是双方经过沟通共同确定网络中的相关事宜。因为若网络中知识权力距离较低，则强势的治理方式容易引起反弹，会破坏网络合作关系，反而不容易达到治理目标。此时的核心企业为达成自身目标，使网络发展符合自己预期，则会偏向于通过非强制性的影响力去引导网络其他成员的行为。在创新网络中，这种引导无疑都是通过自身的学习引导而使其他成员发生自发的追随。综上所述，本书提出如下假设：

H3　创新网络知识权力距离与知识控制正相关。即创新网络中知识权力距离越大，核心企业越倾向于采用知识控制的治理方式；

H4　创新网络知识权力距离与学习引导负相关。即创新网络中知识权力距离越小，核心企业越倾向于采用学习引导的治理方式。

二、知识权力作用方式对网络治理目标的影响

在总结网络治理目标的相关研究中，本书确定了网络治理的三个目标，即推动网络内的知识流动，维持创新成果的独占性和创新网络的稳定性。Todeva 和 Knoke（2005）在研究产业联盟治理过程中提出了联盟治理的概念，并认为联盟治理是通过法律和社会控制机制的组合来协调与保护联盟伙伴所贡献的资源、承担管理伙伴的责任，并且对联盟活动的报酬进行分配。对于创新网络的治理来说，其本质便是通过衡量网络中网络权力的集中程度，根据相应的权力分布，采用不同的治理方式，在核心企业的主导下，通过控制、影响网络成员的行为，从而达到相应的治理目标。

网络治理目标中，首先需要达到的目标就是保证网络中知识

第二章 概念模型及研究假设

的流动与共享。Maloni 和 Benton（2000）认为，网络中企业运用专家权力，对那些缺乏关键性知识资源的合作企业进行支持。例如，通过输出先进的技术，帮助它们攻克技术上的难关；派遣专家赴企业进行指导，帮助该企业员工尽快地消化、掌握先进技术成果，并培养其运用技术的能力；制定网络标准或行业准则来保障企业的竞争地位并促进合作的顺利进行。如前文所述，创新网络中核心企业因为独有的知识资源而在网络中占据中心地位，主导创新网络的治理。关键知识和知识的学习是网络组织中必不可少的资源，是网络组织不断占据市场、引导市场发展的重要保证，关键知识拥有者在组织的日常运转中形成权威，这种权威就会形成网络权力，改变网络组织的战略规划与发展，进而影响网络组织的治理方式。Dhanaraj 等（2004）认为，核心企业通过强化网络成员间的一个共同的认同来加强知识的流动性。网络认同能够激励网络成员去为了一个共同的目标参加并且开放式地共享知识，并且去交流不同的理解、观点和目标。他们还指出正式和非正式的交流渠道及交流论坛在加强网络中的社会化与促进网络内部知识流动性方面的重要性。核心企业的作用在于通过帮助建立规则和提供讨论的论坛创造一个开放的交流环境。但若是权力过多地介入，则会使得成员企业在知识的学习中受到较大的干扰，影响网络中知识的流动。Brown 和 Duguid（2001）发现，在现实的网络中，核心企业的中心地位提供了一个决定知识是否为"黏性的"契约，这种契约便是网络的治理方式。在治理方式的作用下，知识很难流动或者核心企业允许并且主导其在网络中大量地流动，这就说明在较大权力的条件下，核心企业控制着网络中知识的流动。Dhanaraj 和 Parkhe（2006）指出，作为一个网络的治理者，核心企业首当其冲担负着增强知识流动和激发网络竞争力的重任。增强知识流动需要核心企业聚焦在三个特殊的过程：知识吸收、网络标识及组织间的社会化。Owen-Smith 和 Powell（2004）研究了波士顿的生物技术创新网络，强调了核心企业需要通过共享企业的知识来改变贯穿整个网络的信息流，这样会对整个网络中的专利数的增加有积极的影响。Collin 等（2011）认为，权力与组织中的学习有着密切的联系，并且它们之间的关系多样，同时，两者之间不同的联系可能使得权力与学习之间有着不同的关系。他们认为，低等级的权力水平能够很好地促进组织中的知识流动和个体学习，从而很好地提升组织的学习水平。相关的文献都认为核心企业网络权力主导下的网络治理的首要目标便是控制网络中的知识流动，但当核心企业网络权力过大时，核心企业会过多采取强制性的治理手段，此时成员中知识的流动就会受到核心企业较大的干扰，并且网络中成员之间的联系就会减弱，知识的流动就会受到更多阻碍。

Yeung 等（2009）指出，在供应链网络的整合中，成员之间的信任以及强制权力能够很好地促进供应链的整合。并且，他们在对中国文化环境中的供应链研究中发现，当信任程度较低时，强制权整合供应链的水平就会降低。Chinomona 和 Preterms（2011）指出，在中小制造企业的集群中，当核心企业的专家权力越大时，成员之间的信任程度越高，同时成员之间的关系水平也更为良好，反之也成立。这说明，当核心企业资源分享越无私时，成员之间的信任程度就越高，同时这种高程度的信任也会促进集群中的资源分享与流动，在集群企业之间建立良好的关系。Cai等（2012）指出，在供应链网络绩效的提升中，知识共享起到了相当重要的作用，而供应链网络中成员之间的关系能够影响知识的分享，成员之间的信任以及网络中权力的运用是影响知识共享的重要因素，其中信任对于知识共享的影响更大。也就是说，当供应链网络成员间存在较高程度的信任时，网络中的核心企业不需要使用太多的权力便能很好地促进知识的分享。可见，当创新网络中成员间信任程度较高时，合作伙伴间关系较为密切。同时，核心企业的实力及能力得到普遍的认同，在创新网络中占据优势的网络位置，在网络中具有更高的可见度和更大的吸引力。在这种情况下，虽然核心企业对网络的控制力越强，就越可能采取知识控制的治理方式，但由于组织成员之间的高度信任，网络成员即使在知识控制之下，一定程度上仍会对知识共享要求作出积极反应。相反，较低的信任程度反而会对创新网络中的知识流动产生阻碍，不利于网络中的知识共享。当创新网络中成员间信任程度较高时，合作伙伴间关系较为密切，可以说已经形成了被广泛接受的网络行为模式及规范共识，核心企业自身的能力也被网络成员所广泛认同，在网络中具有更高的可见度和更大的吸引力，而学习引导这种柔性治理方式恰恰需要网络成员对于核心企业的高度认同。信任程度越高，行为追随越强，知识共享越有效。综上所述，本书提出如下假设：

H5 创新网络知识控制与网络知识共享负相关；

H6 创新网络学习引导与网络知识共享正相关；

H7 信任显著降低知识控制与共享之间的负相关关系；

H8 信任显著增强学习引导与知识共享之间的正相关关系。

网络在获得利益的同时需要对利益进行分配，若不存在相应的权力机制，那么就可能出现不公平的情形。因此，网络在利益分配的时候，就需要核心企业通过权力的运用去进行利益的合理分配。企业通过在恰当的时间里对合作企业进行适当的奖赏，可以对合作方企业产生正向的激励作用，受到奖赏的企业，心里会认为自己的辛勤劳动得到了很好的回报，自己的所作所为得到了核心企业积极的认可，企业价值得到了很好的体现，便会更加尽职尽责，为了合作的顺利完成而不断地努力。通过双方的不断努力，网络企业的创新绩效会不断提高。Kim 和 Mauborgne（1998）

发现，创新网络在开展创新活动的过程中由于存在着高度的不确定性，网络成员最后获得的收益可能有很大的差别性。这时，若在网络中存在着公平的利益分配机制、高度的信任以及良好的合作关系，那么网络中的成员能够更好地接受这种利益的差别。在合作中，核心企业由于对关键性资源的占有，为了合作的顺利进行和网络的发展，往往会对其他企业进行承诺。核心企业能够对其他企业作出承诺，说明其之间的关系发展到了一个让核心企业满意的地步。Henry（2011）在研究政策网络时指出，权力拥有者的意识形态在网络中会影响其他的企业行为以及整体网络的发展战略，网络成员间的合作关系很大程度上受到它们对于这种影响关系的感知程度。合作关系的保持，能够很好地促进企业间的相互了解与协同能力的提高，企业在不断合作的过程中，建立起了良好的关系。也就是说，合作关系的不断维持，可以很好地促进企业间关系水平的提高。从以上的叙述中可以看出，核心企业在网络治理中承担着网络中的利益分配，维持成员之间关系质量等任务，公平的利益分配、良好的合作关系能够促进网络中创新成果的产出。因此，核心企业一个重要的任务便是保证网络中的公平利益分配机制以及良好的合作关系。可见，权力的运用直接影响网络利益的分配，核心企业的适当控制会使得知识资源及创新成果在成员间合理配置。同时，适当的控制会使其他成员的机会主义行为削弱并有效防范冲突。但是，值得注意的是，当核心企业拥有较大的网络权力时，其便会更多地考虑到自己的收益而忽视网络其他成员的收益情况，这时核心企业的知识控制可能更强，从而造成事实上的不公平现象。同时，在本书上文的叙述中指出了较大的网络权力会阻碍网络成员之间的沟通，使得网络成员之间合作水平以及信任程度下降，从而有可能会使网络成员出现机会主义行为。而若核心企业采用非强制性的学习引导方式，则不会对关系造成损害，其他成员的公平感知会比较强烈，从而促使大家自觉遵守成文或不成文的网络合作规则，增强合作关系，使得所有成员自发维护创新成果而不至于外泄。Ybarra 和 Turk（2011）指出，在企业联盟中若存在竞争的企业，那么联盟中企业之间的交易成本就可能提高，就很有可能出现机会主义行为，这便需要成员之间做出有保障的承诺来保障企业联盟的顺利发展，此时，信任便可以很好地调节成员之间的合作关系，保证各自的利益不被损害。Hong 和 Cho（2011）在研究中指出，顾客对于中间商的信任可以很好地提升顾客的忠诚度以及购买意愿，同时，这种信任决定了顾客在市场中的产品选择以及产品信任。另外，创新独占不仅强调合理分配，更强调成员的公平感知。高度的组织间信任将使所有成员公平感知增强，对于创新成果的分配易于接受。同时，在信任度低的情况下，核心企业若采取引导治理方式，则可能会使别的网络成员认为核心企业能力不够，难以实施有效控制，从而其对分配的公平感知必然降低。综上所述，本书提出如下假设：

H9　创新网络知识控制与创新独占呈倒 U 形关系；

H10　创新网络学习引导与网络中创新独占正相关；

H11　信任显著降低知识控制对创新独占的不利影响；

H12　信任显著增强学习引导与创新独占的正相关关系。

保持网络的稳定性也是创新网络治理中的一个重要内容。在创新网络中，核心企业选择网络的发展战略，通过对于网络性质以及成员的分析，找出更适合的管理方法以及治理机制，从而保证网络的繁荣，成员数量的增加，不断设定合理的战略目标，提高网络的有效性、环境适应能力以及创新效率。Ingold（2011）指出，网络中存在一个权力集中者，权力拥有者对于网络发展作出具体的战略规划，而在这个过程中网络结构也会发生变化。网络的发展战略是由核心企业制定的，并且对应于不同的发展战略，其网络结构也存在差别。Mannix 和 Sauer（2006）指出，在网络组织中个体的地位以及权力会影响网络中个体的行为，网络通过信息交流和讨论确定网络的发展战略，权力大、地位高的个体会更有效地控制这种战略的制定，并且很好地解决网络的冲突，保持网络的稳定性。Gooderham 等（2011）将 Teece 等（1997）最早提出的"资产管理"概念扩展到创新网络模型中，并特别强调参与者的自主性和自我控制，以及核心企业整合资源的网络能力。他们认为，网络管理者，也就是核心企业需要：①改变游戏的规则使得游戏保持活力；②避免分裂，从而保证新老伙伴的交替，或者过去、现在和将来行为的一致性。Liu 等（2005）认为，核心企业是创新网络的发起者，并且依靠其本身的声誉，能够作为网络的管理者存在，其作用主要体现在吸引、赞成或者拒绝潜在的成员；维持网络的稳定性，是网络成员持续发展的保证；并为网络成员提供相互学习和发展的机会。由此可见，在创新网络的治理中，核心企业的一个重要目的便是维持网络的稳定性。但是，对于技术控制与学习引导之间的关系研究，学术界有不同的意见。例如，Johnson 等（1993）在对日本进出口产品分销商的研究中发现，当美国供应商运用权力控制日本分销商行为时，对于双方的关系质量存在着正向作用；而 Rokkan 和 Haugland（2002）则认为，当企业运用权力控制他人行为时，会使权力作用方产生逆反心理，这会对合作双方之间建立的理解与信任关系产生较大的损害，从而导致关系水平的不断降低。本书认为，技术控制在创新网络中对于网络稳定性呈倒 U 形的关系，也即技术控制在一定强度的范围内对网络稳定性有正向影响，超过这个范围则呈负向影响。而在权力较为分散的创新网络中，技术控制对于网络的稳定性有负向影响。而当核心企业采用学习引导的方式进行治理时，网络成员能够分享到稀缺的知识与技术资源，不断加强网络成员间的合作与信任，并且在网络中建立良好的关系。

Laporte 等（2016）在研究供应链网络时指出，信任和合同约束可以很好地提升网络的效率。同时，合同与信任之间是可以相互替代的，它们共同影响网络中成员之间的关系，维护供应商与制造商的利益以及供应链网络的稳定性。Vijayasarathy（2010）在研究供应链整合时指出，信任、交流以及相互依赖对于供应链的整合都有正向影响，并且在高信任条件下，成员之间关系与合作水平较高，权力控制行为较少，网络处于相对稳定的状态。Tran（2010）在研究中指出，权力能够很好地影响组织中成员的行为，而管理中的信任可以调节组织成员之间的关系、成员的感知能力与感知控制，但无法很好地改变组织内部目标以及成员行为。这也就说明了信任在权力的使用中能够很好地改善双方关系，保证关系与组织的稳定性。可见，信任能有效降低网络成员对于权力的抵触，从而在创新网络中能够很好地提升网络成员之间的合作质量，这种高水平的合作关系能够很好地提升网络的创新效率，提高网络成员的行为意愿，使得核心企业在创新网络治理中减少了对于成员的行为控制，增加了对于成员企业的学习引导，从而有效保持网络的稳定性。综上所述，本书提出如下假设：

H13 创新网络知识控制与网络稳定呈倒 U 形关系；

H14 创新网络学习引导与网络稳定正相关；

H15 信任显著降低知识控制对网络稳定的不利影响；

H16 信任显著强化学习引导与网络稳定之间的正相关关系。

三、网络知识权力分布对知识共享及网络稳定的影响

创新活动的顺利开展需要核心企业的知识共享。对于核心企

业来说，由于其独有的知识资源，核心企业在创新网络的治理中必须要注意网络中的知识流动性。Cheng（2008）在研究中也指出，信任是知识共享的枢纽，信任程度越高，双方的知识共享程度也就越高，知识的流动也就更为有效。而 Granovetter（2002）则认为，权力的不均衡性越大，网络中存在的信任程度就越低。Hardin（2002）指出，当权力的不平衡性影响个体之间的信任时，这种不平衡性越大，信任度越低。另外，创新网络中，核心企业必须重视创新成果分配的问题。核心企业是网络中权力的拥有者，在创新成果分配中处于主导地位。Fungáčová 等（2010）在研究俄罗斯银行产业时指出，利益成果的所有权决定了其市场权力的大小，也即收益越多，权力越大。Crama 和 Leruth（2011）指出，权力的拥有者对于下属有控制作用，并且权力越大，控制力越强，同时，权力拥有者能够在利益分配中得到更多。Schulze 等（2003）在研究家族企业时指出，当单个成员的权力过大时会控制企业的内外部资源，其余成员会感觉自身利益受到剥夺，从而对企业的公平性失去信心，使得企业处于高风险之中。但 Goodman 和 Dion（2001）在研究中指出，供应链中制造商与分销商之间的信任程度能够影响双方之间的合作关系，而在不同的合作关系中，双方之间的权力关系不同，在充满信任的合作关系中，这种权力的运用则不是很明显。Blois 和 Lacoste（2006）指出，权力可以被称为"全部的信任"，这也就说明了信任与权力可以相互替代，当存在较高水平的信任时，企业可以通过低水平的权力使用达到预期目标。通过对以往学者的研究分析可知，创新网络中的核心企业如果权力过大，则会在创新成果的分配中占据更多的利益，使得成员企业产生警惕，从而可能导致网络中成员之间的信任程度下降，出现相应的投机行为以及机会主义行为。这些均会对知识共享产生不利影响。综上所述，本书提出如下假设：

H17 创新网络知识权力集中度与知识共享负相关；

H18 信任显著降低知识权力集中度与知识共享之间的负相关关系。

在创新网络中，核心企业处于权力的核心地位。对于创新网络的治理来说，一个很重要的内容就是维持网络的稳定性。Eddleston等（2008）认为，组织中权力拥有者对于控制权和所有权的安排将直接影响组织内部的冲突，从而影响到组织的绩效。Kellermanns等（2010）在家族企业的研究中指出，过度的所有权集中使得个体不仅能够拥有网络中的物质资源，还可以控制外部网络资源等无形资产，并能激发家族成员内部的矛盾。Panayides 和 Venus Lun（2009）在研究中发现，在供应链网络中，合作双方的信任程度是良好合作绩效的有力保证。在拥有较高信任水平的供应链中，其整体绩效往往相对较高，其成员之间合作顺利，不需要太多的控制手段去规范、约束对方的行为，并且机会主义等有害合作关系的行为出现可能性较小。Teimoury等（2010b）在研究新产品开发企业联盟关系时指出，信任可以很好地促进成员之间的关系连接，垂直权力的使用则会影响成员之间的关系连接，而有效的关系连接是新产品顺利开发的基础与保证。因此，在新产品开发企业联盟中，信任是十分重要的内容。在充满信任的联盟中，损害联盟整体利益的行为很难出现，因此权力的使用水平较低。信任和单方面的权力控制影响着新产品开发的绩效水平，它们通过影响企业间的联系强度来影响绩效水平。信任能够很好地增强企业间的联系强度，但单方面的权力控制会损害企业间的联系强度。可见，由于创新网络属于高技术产业，本书认为适度的权力分散有助于提高网络的创新效率，增强核心企业与其他网络成员之间的联系。但当权力过于分散时，网络中的成员之间虽然联系多，合作密切，缺少相关的规则去约束各自的行为，因此这种情况下成员之间很容易出现分歧与恶性竞争，导致网络不稳定。但组织间的高度信任无疑会大大降低彼此之间的猜忌及由此而产生的分歧与恶意竞争，从而避免合作关系进一步受损。综上所述，本书提出如下假设：

H19 创新网络知识权力集中度与网络稳定呈倒U形关系；

H20 信任显著降低知识权力集中度对网络稳定的不利影响。

创新成果的产出需要核心企业通过在创新过程中分配共享其拥有的知识资源。根据Jones和Davis（2000）的观点，权力距离是影响创新过程的一个重要因素，对于不同的文化类型，需要使用不同的研发策略。通过上文的介绍，本书接受Bochner和Hesketh（1994）的观点：在高权力距离情形下的创新网络中，核心企业更喜欢采用强制式的治理方式，如通过命令、控制等方式来实现创新网络的治理；而在低权力距离的创新网络中，核心企业尽量减少对下属的控制，多采用授权式的管理模式。Heslin和Marr（2009）认为，高权力距离导向的领导强调权力并倾向于用权力来控制下属，使员工顺从自己的观点而选择沉默；Burgoon等（1982）认为，在高权力距离的情况下，员工认同于领导者所拥有的权力，更倾向于服从领导者的指示，不太愿意阐述自身观点，更多地拥护领导的权威而不是质疑领导。Amabile和Gryskiewicz（1989）认为，低权力距离的个体采用更加平等的观点对待个体，不论个体在组织中的地位和出身而采取平等相处的态度，从而促进组织中新的创新思维产生。Szulanski（2000）经过研究后发现，知识转移障碍受动机性因素影响很小，主要受知识的因果模糊性影响，以及知识接收者的吸收能力以及发送者和接收者之间整体的关系氛围影响。通过以上文献可以看出，在权力距离较大的创新网络中，核心企业与网络成员之间的联系较少，核心企业多是通过命令来控制网络成员的行为，这使得核心企业与网络成员之间的关系较为松散，双方间的合作也比较少。因此，在这种情况下，网络成员只是被动地接受核心企业分配的知识，而并不能够对知识分配过程出现的问题做出及时的反应，以此来促进知识在网络中的快速流动。而在权力距离较低的创新网络中，核心企业与网络成员联系紧密，双方合作频繁，因此知识在网络中的传递也较为迅速和频繁。Gil-Saura等（2011）指出，供应链网络中成员之间的关系水平能够很好地促进成员之间的长期合作，在这个过程中，信任可以很好地促进成员间关系水平，减少机会主义等短期利益行为。Liao（2010）指出，在跨国企业中，组织间的信任能够有效提升组织间的关系，促进知识、资源的流动，从而提升组织的整体绩效。综上所述，本书提出如下假设：

H21 创新网络知识权力距离与知识共享负相关；

H22 信任显著降低知识权力距离与知识共享之间的负相关关系。

许多学者在研究中指出，不同的文化类型、风格会对创新网络的稳定性造成一定的影响。Steensma等（2000）在研究中指出，文化会对中小企业间的技术创新联盟产生一定的影响，它会直接影响到联盟的构成，并且会平衡技术不确定性与联盟结构。Knight和Cavusgil（2004）在研究全球化公司的发展时指出，对于创新型企业来说，在全球化的进程中，针对不同的文化，需要制定出相对应的结构以及战略组合，从而顺利地进行公司的全球化发展。Pasa（2000）认为，在高权力距离下，领导者喜欢采用隐性影响力和直接影响力相结合的方式，同时在领导过程中通过合理授权，给予成员承担责任的压力，以影响组织结构以及被领导者的行为模式。Botero和van Dyne（2009）认为，高权力距离时，员工更愿意与领导者建立相对良好的关系，不去质疑领导者，接受领导者的安排；低权力距离时，员工则会忽视组织内的等级以及权力差距，对组织的决策和发展施加自己的影响。从以上的分析可以看出，在高权力距离条件下，创新网络中的成员更多的是会服从核心企业的指示与领导，其自身对网络发展以及创新活动的开展没有太多的影响。但是，如果权力距离过高的话，网络中的核心企业便会不重视网络成员，网络中的公平性也会不断下降，在这种情况下，网络的稳定性就会受到考验。而在低权力距离的情况下，Bendixen 和 Burger（1998）认为领导者和员工之间虽然有更多的交流机会，决策由大家共同做出，但是仍然需要一定的规则以及领导对成员行为进行约束。因此，本书认为，当权力距离过低时，由于大家各抒己见，很容易出现意见冲突，此时核心企业的领导力较弱，无法有效协调这种冲突。而且在创新网络中，这种成果的分配都是在核心企业的领导下进行的。Humborstad 等（2008）在研究中指出，高权力距离下，权力对于下属服务意愿的影响是正向的，这种关系的维持是通过领导对于下属提供一定的奖励以及认可来调节的。Huang 和 van de Vliert（2003）指出，在高权力距离时，权力往往伴随着技能与财富，低权力个体的利益获取主要是靠高权力个体的分配，认为不公平的现象是理所当然的。同时，在高权力距离的情况下，下属往往被限制自主权，并且由于与领导者之间的隔阂较大，下属往往不敢反对领导的决定。而 Hofstede（1980）认为，低权力距离的组织文化中，成员普遍崇尚公平与民主，重视合法权力，因此其利益也会得到公平、合理的分配。因此，本书认为，高权力距离的创新网络中，核心企业会更多地占有网络的创新成果，而在低权力距离的创新网络中，创新成果往往能够得到合理的分配。企业之间对于合作持久性的预期能够调节合作历史与信任的正向关系，也就是说，对于未来的期望能够促进成员之间的相互信任，从而促进成员之间的交流与承诺，保证关系的稳定性。综上所述，本书提出如下假设：

H23 创新网络知识权力距离与网络稳定正相关；

H24 信任显著强化知识权力距离与网络稳定的正向关系。

第四节 小 结

本章基于创新网络理论和相关文献，具体分析了不同类型的创新网络中知识权力分布、网络治理方式与网络治理绩效之间的关系，认为组织间信任会在这个过程中产生调节效应，并在此基础上，提出了本书的理论假设（表2-1）。

表2-1 研究假设汇总

假设	理论关系
H1	创新网络知识权力集中度与知识控制正相关
H2	创新网络知识权力集中度与学习引导负相关
H3	创新网络知识权力距离与知识控制正相关
H4	创新网络知识权力距离与学习引导负相关
H5	创新网络知识控制与网络知识共享负相关
H6	创新网络学习引导与网络知识共享正相关
H7	信任显著降低知识控制与知识共享之间的负相关关系
H8	信任显著增强学习引导与知识共享之间的正相关关系
H9	创新网络知识控制与创新独占呈倒 U 形关系
H10	创新网络学习引导与网络中创新独占正相关
H11	信任显著降低知识控制对创新独占的不利影响
H12	信任显著增强学习引导与创新独占的正相关关系
H13	创新网络知识控制与网络稳定呈倒 U 形关系
H14	创新网络学习引导与网络稳定正相关
H15	信任显著降低知识控制对网络稳定的不利影响
H16	信任显著强化学习引导与网络稳定之间的正相关关系
H17	创新网络知识权力集中度与知识共享负相关

续表

假设	理论关系
H18	信任显著降低知识权力集中度与知识共享之间的负相关关系
H19	创新网络知识权力集中度与网络稳定呈倒 U 形关系
H20	信任显著降低知识权力集中度对网络稳定的不利影响
H21	创新网络知识权力距离与知识共享负相关
H22	信任显著降低知识权力距离与知识共享之间的负相关关系
H23	创新网络知识权力距离与网络稳定正相关
H24	信任显著强化知识权力距离与网络稳定的正向关系

第三章
实证研究设计

第一节 问卷编制

一、问卷编制方法

本书研究内容所包含的变量都是构念,需要通过问卷调查来收集数据,从而达到实证研究的目的。

在实证研究中,变量量表指标设计的好坏,在很大程度上决定了研究统计分析结果是否具有可靠性和有效性。因而,研究问卷的编制与质量控制成为本书的关键工作之一。

1. 问卷编制原则

本书在设计量表的测量指标时,主要遵循以下原则:

第一,通过文献检索查找已有的变量测量量表,在其中选择具有很好测量信度和效度的量表。

第二,由于研究的主要依据来自国外文献,而不同研究所处的文化背景差异较大,考虑到这种背景差异对于变量测量结果的影响,本书尽量采用参考原始英文文献且加以修改,并在我国企业情景中已经使用过的,经验证具有很好信度和效度的量表。

第三,个别本书设计的研究变量,暂时找不到比较合适的测量量表,本书就根据现有的文献资料加以归纳提炼,形成本书对于该变量的界定,进一步提炼出该变量的主要特征作为测量指标,并开发出测量量表。

第四,对于本书采用的来自英文文献的量表,为了保证量表测量指标在语义上的准确性,在量表编制过程中,对每一个测量指标都进行了严格的双向翻译,并且在保证不改变测量题项原意的情况下,尽量采用意译的方法,以使问卷更符合中国人的思维方式和语言习惯。

第五,对于本书自行设计的测量量表,进行严格的信度与效度检验。

2. 问卷编制流程及质量控制

图 3-1 给出了本书中问卷编制的具体流程。在编制过程中,本书注意结合我国文化背景特色以及知识型创新网络特征,并先后经过对相关领域的多名专家及管理人员的结构化和半结构化访谈,最终形成问卷初稿。

二、变量测量

本书共涉及对 8 个变量的测量,它们分别是知识权力集中度、知识权力距离、知识控制、学习引导、知识共享、创新独占、网络稳定、组织间信任。关于本书中需要用到的研究变量的量表,主要借用前人研究的成熟量表。这些量表已经过反复检验,其信度和效度都非常好,可以为本书直接借用。个别量表为本书自行设计。调查问卷中对变量的测量全部采用利克特五级量表,要求被调查者对问卷中所述的内容,根据自己的真实想法做出选择,1 表示"非常不符合",2 表示"不符合",3 表示"不确定",4 表示"符合",5 表示"非常符合"。之所以采用五点计分法,是根据 Berdie (1989)的观点:在大多数情况下,五点计分是最可靠的。因为三点计分限制了温和意见与强烈意见的表达,而若选项超过五点,一般人则难以有足够的辨别力去进行判断,五点计分既可以表示温和意见与强烈意见的区别,又不至于让人不好判断。下文是对所有变量的测量意义说明。

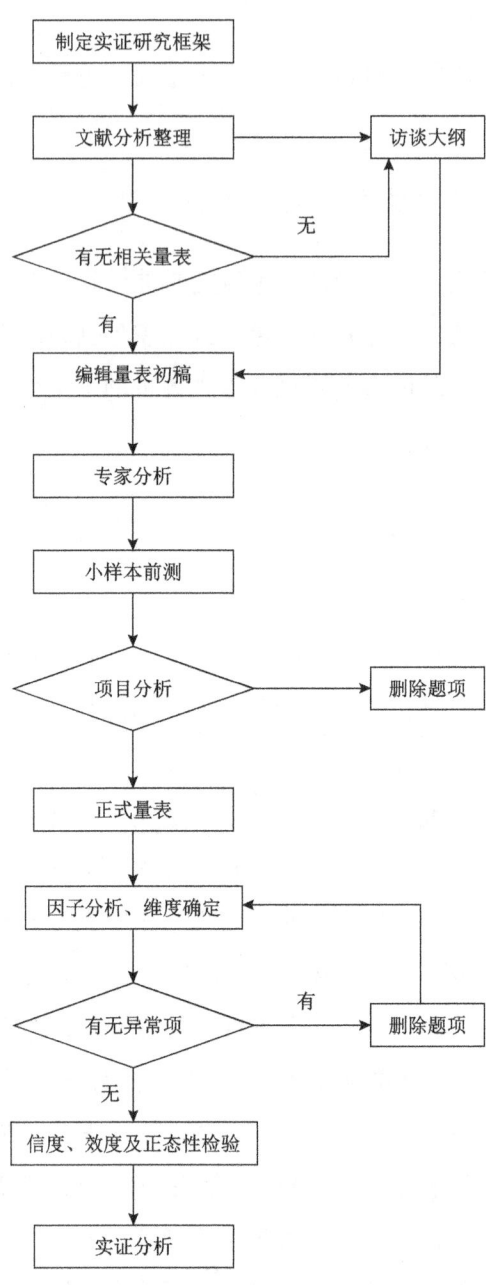

图 3-1 问卷编制流程

1. 知识权力集中度

对于知识权力集中度的测量，现有研究一般从网络成员对核心企业的依赖程度进行测量。借鉴 Andersen 和 Christensen（2005）以及 Kumar（1996）的研究，本书主要从网络成员对核心企业的知识依赖程度设计测量量表，从知识的不可替代性、稀缺性及有效性三个方面共设计了 5 个题项。

（1）从合作中获得的知识资源，我们无法使用其他知识资源来替代；

（2）从合作中获得的知识资源，具有很强的专用性；

（3）从合作中获得的知识资源，通过合作之外的其他途径获得，将付出很大的代价；

（4）从合作中获得的知识资源，是我们迫切需要的或改善了我们的发展前景；

（5）在合作的过程中，合作双方存在大量的协调工作。

2. 知识权力距离

知识权力距离的测量量表采用 Zhang 等（2010）以及 Leung 等（2011）整理的研究量表，结合网络环境加以改造。该量表共有 6 个题项。

（1）在合作过程中，由于知识差异造成的关系或地位的不对等是正常的；

（2）在合作创新过程中，权力大的伙伴提出要求是正常的；

（3）网络合作中不需要我们过多思考是我们乐意接受的；

（4）与掌握核心知识的伙伴保持一致对于提高合作效率非常重要；

（5）权力小的一方应该服从权力大的一方；

（6）应该尊重掌握核心资源的合作伙伴。

3. 知识权力使用方式

根据 Frazier 和 Summers（1986）、Brown 等（1995）、Kim（2000）的研究，权力的使用主要是强制性及非强制性权力的使用。强制性权力使用主要测度合作过程中使用奖励、惩罚以及合法权力的频率。非强制性权力使用主要测度信息和建议的使用频率。由于该组变量测量涉及核心与非核心企业的区别，故分为两个变量进行设计。

1）知识控制

（1）我们常提出合同之外的要求而对方也会遵从/对方常提出合同之外的要求而我们也会遵从；

（2）如果不按我们要求去做，对方就得不到我们的优待/如果不按对方要求去做，我们就得不到对方的优待；

（3）听从我们的要求，可以避免遇到其他人遇到的困难/听从对方的要求，我们可以避免遇到其他人遇到的困难；

（4）我们经常暗示对方如不遵从则会受到某种惩罚（提高价格、降低合作等）/对方经常暗示我们如不遵从则会受到某种惩罚（提高价格、降低合作等）；

（5）我们经常对对方发出指令/对方经常对我们发号施令。

2）学习引导

（1）我们有能力向对方提出恰当的建议/我们相信对方有能力提出恰当的建议；

（2）我们经常努力说服对方接受我们的建议/对方经常努力说服我们接受他们的建议；

第三章 实证研究设计

（3）我们掌握更多的市场信息，可以引领创新活动/对方掌握更多的市场信息，可以引领创新活动；

（4）我们经常主动将有用的信息传递给对方/对方经常主动将他们认为有用的信息传递给我们。

4. 知识共享

对知识共享的实证研究比较多，本书主要参照 Wahab 等（2009）以及 Tortoriello 等（2012）针对科学家合作网络中知识传递的研究中的知识共享因素，结合创新网络情景加以修改，形成本书使用的测量量表。该量表共由 6 个题项组成。

（1）我们的员工与合作伙伴的同事们经常在一起讨论问题；

（2）我们非常热衷于交流彼此之间的观点；

（3）我们可以没有障碍地分享彼此的研发成果；

（4）我们会将合作创新相关的工作内容备案，并提供给合作伙伴；

（5）我们和合作伙伴经常就技术问题进行讨论；

（6）提供自己企业的知识与合作伙伴共享对彼此都是有益的。

5. 创新独占

对创新独占的测量参考 Das 和 Teng（2000b）、杨燕和高山行（2012）的研究量表加以改进，针对联盟伙伴知识保护的研究，从"注重保护""限制分享"两个维度设计量表。该量表共由 9 个题项组成。

（1）未经允许合作伙伴不会获得过多的知识资源；

（2）合作伙伴不会采取许可之外的手段获取我们不愿意共享的知识；

（3）合作伙伴不会试图在人际交往中探察合约以外的知识；

（4）将我们的关键技能和知识暴露给合作伙伴不会造成知识外泄给非网络成员；

（5）合作伙伴会按照彼此合作约定将其技能和知识转移给我们；

（6）我们不担心合作伙伴在知识分享上厚此薄彼；

（7）合作伙伴不会刻意隐瞒某些研发事实真相；

（8）每一个合作伙伴均会自觉履行保密义务；

（9）我们很少与合作伙伴间产生技术创新成果分享方面的争议。

6. 网络稳定

对网络稳定的测量参考 Das 和 Teng（2000b）、杨燕和高山行（2012）等在研究中设计的联盟稳定性测量量表，结合创新网络情景加以精简及适当修改，共由 5 个题项组成。

（1）我们的合作关系能够长期持续；

（2）更换合作伙伴对我们而言代价巨大；

（3）只有和我们的伙伴共同努力才能实现我们的战略目标；

（4）我们和合作伙伴的关系总体上是融洽的；

（5）双方不仅形成了良好的合作研发关系，也形成了良好的个人关系。

7. 组织间信任

参考 McAllister（1995）的研究分别从情感信任和认知信任两个维度开发了组织间信任的测量量表。该量表经 Chua 等（2008）用中文翻译并进一步验证，具有较好的信度和效度，共由 7 个题项组成。

（1）我们能够与合作伙伴自由地分享想法、感受和希望；

（2）我们如果告诉合作伙伴所遇到的问题，他们会给我们提供建议并向我们表示关心；

（3）我们能够与合作伙伴自由地谈论在工作中遇到的困难，并且知道他们愿意倾听；

（4）合作伙伴倾向于在工作关系中投入大量的感情；

（5）合作伙伴认真对待团队工作的人；

（6）合作伙伴愿意为团队工作做出重要的贡献；

（7）我们可以信赖合作伙伴去完成合作过程中主要部分的工作。

第二节 样 本 选 择

本书属于国家自然科学基金项目（70972051）的核心部分之一，所以在样本选择与数据搜集上，部分样本与课题研究样本合并使用。本节着重对本书应用的样本及数据进行说明。

一、样本选择过程

本部分主要内容是界定创新网络的定义及现实描述。

关于创新网络的定义，本书已经在前面进行了论述，并且给出了较为确切的定义。这里对本书实证中涉及的创新网络进行说明。

关于理论与实践研究中如何选择创新网络，应充分考虑到这种网络的本质特征。

首先,从理论上来说,网络本质上是企业间关系的总和,或者说企业间的联结构成了网络,从而,创新网络就是企业间合作创新关系的总和,是由具有合作创新行为的企业通过各种关系联系在一起的企业联结关系的集合。这种关系是难以确定边界的。其次,从创新网络的组织形式出发,其依然是一种网络组织,从而具有组织的边界,否则便成为一种环境特征。但是创新网络是一种虚拟的非正式的网络组织,如同市场难以确定边界一样,企业是否确定为网络内成员,这里有一个度的问题,因为这种网络关系是一种社会关系,其联结的纽带不像资金纽带那样明显。

从社会网络的相关研究来看,研究者(Laumann et al., 1989)讨论了网络研究中确定边界的两种途径(刘军,2004)。第一种研究途径为唯实论途径,即注重的是行动者根据自己的实际情况所确定的界限。例如,"帮派"的成员确认。第二种研究途径为唯名论途径,即基于研究者自己的理论偏好,其行动者数目往往很难确定。例如,对于城市精英的研究就是这样,其界限很难甚至不可能确定。因此,研究者通常是从自己研究的需要出发,根据自己的理解和兴趣来确定网络边界。也有研究者采用特殊的抽样技术,如滚雪球抽样(snowball sampling)和随机网络(random nets)方法。

从国外发表的代表性论文(Powell et al., 1996; Ahuja, 2000)来看,大多数研究在选择创新网络研究对象时,均主要考虑了电子信息、生物制药、高端制造业等行业,选择的理由基本是认为这些行业产品生命周期短,竞争非常激烈,所以这些行业对于技术创新要求非常高。另外,这些行业技术门槛往往较高,单个企业由于能力和资源的限制,加之时间紧迫、创新成本及创新风险均较高,必将更倾向于通过网络化合作来促使其创新

第三章 实证研究设计

更加有效。

但是,当前研究对象选择的一个突出问题是,大多数实证研究来自国外,国内的许多研究对象也来自国外,比如创新网络研究比较多的会用到美国专利数据库,根据专利引用情况选择网络成员。本书认为应当根据中国企业创新的实际情况,设计一个比较适合我国企业的创新网络的分析框架,既符合现实实际又能在理论上有所突破。

结合研究需要,一方面实施起来要具有可操作性,且简单方便;另一方面也要合乎情理,保证研究的有效性,为此本书设计了这样的网络确认思路:①基于广东省知识产权研究与发展中心的中外专利数据库服务平台,选取不同行业,检索公开(公告)日在1997~2011年内的发明专利,根据专利数据库之间合作数据,利用Ucinet 6.0画出网络合作关系示意图(图3-2)。从该专利连接关系中选择网络成员。②对于专利合作无法体现出的合作者,采取滚雪球抽样方法确定,行动者提名其他行动者,这些行动者构成一阶网络域,在此基础上扩展网络域。比如,调研者询问"在最近的半年中,您与哪家企业讨论过技术方面的重要问题";"贵企业参与了哪些技术研讨会";"贵企业与哪些企业具有技术交流学习";等等。

另外,为了确保网络选择的合理性,本书尽可能选择电子信息、生物制药以及高端制造业,同时对选取的创新网络及其节点,征询行业内人士的意见,确保研究样本的效度。本书先后征集了相关领域专家的意见(高校博士生导师4人、政府相关职能部门负责人2人、企业高层管理者2人),专家对本书设计的创新网络在现实中的表现形式,以及应用此方法进行实证研究抽样的有效性,均给出了肯定的意见。

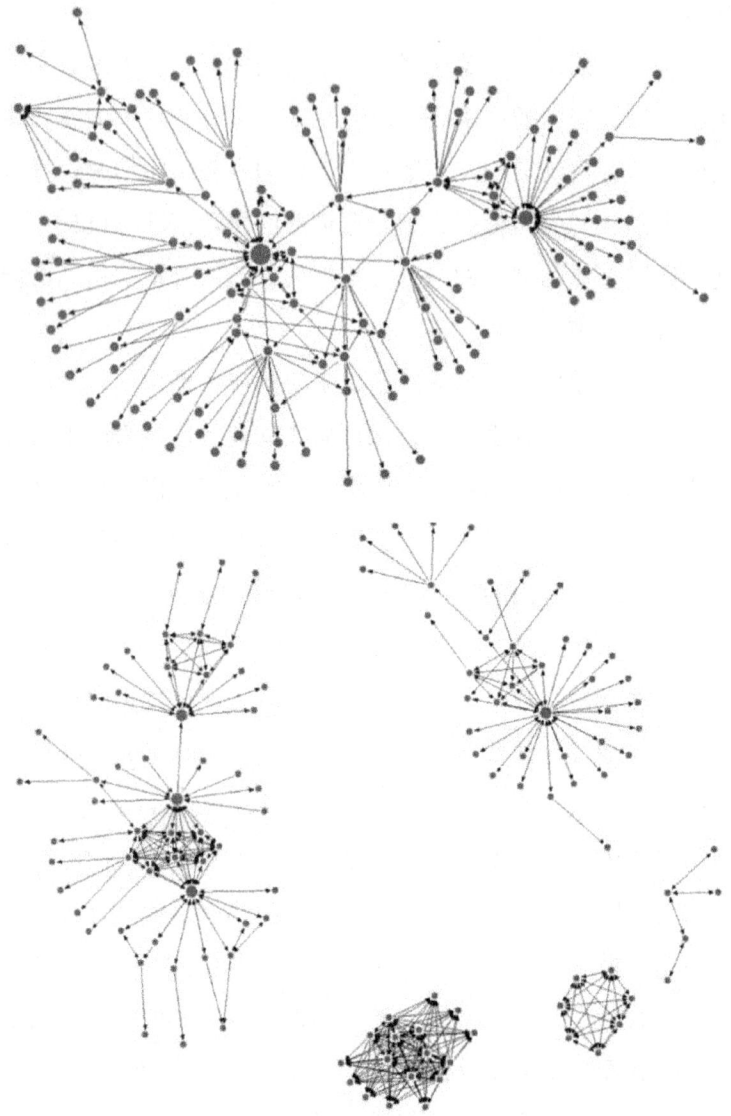

图 3-2 以专利连接形成的网络合作关系示意图

二、样本描述

问卷初步设计完成以后,本书主要选取 5 家企业进行了问卷

第三章 实证研究设计

的预调研。进行预调研的目的有两个：一是确保问卷更加符合当前企业的实际情况，以便问卷能涵盖本书所需的各种问题；二是为了在大规模的调查展开之前能够消除调查方法与文字等方面存在的问题，使调查的结果更为准确。每一家试点企业的调查笔者都会亲自参加，并先与有关部门负责人进行半小时左右的访谈，然后在笔者的讲解下，被访者亲自填写问卷的各项内容，并对问卷中的问题以及问卷的设计提出建议。通过对 5 家试点企业的调查，笔者发现了一些问题，例如被访者对某些专业名词不理解和题项表述不清等，这个阶段所发现的问题在大规模正式调研之前都已做了修改和完善。在最终的问卷中尽量避免出现过于专业的名词和术语，在问卷首页对部分无法避免的重点专业名词进行了解释说明。

为了验证问卷中问题的有效性和可靠性，笔者采取了以下步骤：首先，在预调研时先将问卷发放给 5 家企业的主管和相关负责人，并要求他们仔细阅读问卷所涉及的问题，对存在的问题和漏洞进行开诚布公的说明，并指出其中的错误和表述不当之处，然后对问卷进行修改。再把经过修改的问卷，发给另外的 5 个主管，让他们看是否还存在一些模糊和定义不清的问题。其次，对预调研问卷主要指标的均值和正式问卷的相关指标均进行 T 检验，未发现显著性差异（$p>0.10$），同时预调研问卷各项指标与正式问卷各项指标高度相关，说明被访者提供了有效的回答。

确定正式问卷后，本书利用广东省知识产权研究与发展中心的中外专利数据库服务平台，收集了 1997~2011 年国内电子信息、生物制药及高端制造业的专利数据，然后通过专利连接及滚雪球抽样方法寻找企业间在产品研发方面的合作关系。其中，只要进行合作的成员数超过 2 家，本书均将其认定为一个创新网络，由此形成了 735 个创新网络。本书将这 735 个创新网络作为下文数据分析的对象,从每一个网络中随机抽取一名成员,考虑到网络的交叉性,若该成员与已抽出的其他网络成员是同一家,则重新选择一名网络成员。

调研活动从 2011 年 3 月开始,持续至 2012 年 5 月。调研主要采取电话联系后通过发电子邮件、邮寄、上门调查等形式发放调查问卷的形式进行;对于外地陌生企业,通过其在陕西省的伙伴企业进行问卷发放;不是伙伴企业的,通过陕西省科技厅、西安市科技局、西安高新技术产业开发区管理委员会、西安阎良国家航空高技术产业基地管理部门协助联系对方地区管理部门,并发放问卷。问卷由问卷课题组专人收集。调查对象主要是企业的总经理、副总经理或其他高层人员。然后,对所得到的问卷进行进一步的检查,对于存在空白的、错误的以及其他问题的问卷,或者寄回企业进行进一步的修改,或者作为无效问卷处理。最后将问卷的调查结果建立数据库,以检验本书的各种理论假设,数据库的建立经过多次数据输入和核对,确保了其准确性,并按预先设定的标准度测度各问卷的有效性,剔除无效问卷,使数据库能够有效地为相关的实证研究服务。

参照相关研究,本书对研究涉及的变量及其问卷进行了设计,并对其进行了检验,然后将其制成问卷,作为数据搜集的工具。

本书的问卷是从 2011 年 6 月初开始发放的,发放对象主要是前述样本选择中的相应样本企业。问卷的填答者主要为企业高层技术管理人员。通过电子邮件的方式回收问卷,涉及样本企业 415 家,有效样本 215 家,有效率 51.81%;纸质问卷涉及样本企业 320 家,形成有效问卷 211 家,有效率 65.94%。部分问卷因缺失值太多被判为无效,回收总有效问卷涉及样本企业 426 家,占抽取样本的 57.96%。

问卷调查研究通常强调问卷的代表性,为此本书尽可能选取能够反映合作技术创新的行业进行调研。同时,本书调查的对象主体是各企业或组织的中层管理者,还有一般技术人员和少量高层管理者。回收问卷及其反映的企业样本信息如表3-1~表3-3所示。

表3-1 调查问卷的样本行业分布

序号	行业	有效问卷数量/份	所占比例/%	累计比例/%
1	IT行业(含软件)	196	46.01	46.01
2	机械制造业(含航空)	87	20.42	66.43
3	生物医药	72	16.90	83.33
4	电力电器	52	12.21	95.54
5	其他(院所等)	19	4.46	100.00
	合计	426	100.00	

表3-2 问卷填答者的职务类型分布及所占比例

序号	职务类型	有效问卷数量/份	所占比例/%
1	高层管理者	87	20.42
2	中层管理者	198	46.48
3	一般技术人员	141	33.10
	合计	426	100.00

表3-3 被调查企业性质类型分布及所占比例

序号	企业所有制性质	有效问卷数量/份	所占比例/%
1	全民所有制	83	19.48
2	三资企业	115	27.00
3	民营(私有)企业	205	48.12
4	其他	23	5.40
	合计	426	100.00

第四章
数据处理与分析

本书共涉及对 8 个变量的测量,它们分别是知识权力集中度、知识权力距离、知识控制、学习引导、知识共享、创新独占、网络稳定和组织间信任。本章首先对样本数据进行基本的描述性统计分析,在这个基础上对本书所涉及的这 8 个变量进行量表质量检验,最后,对变量的效度、信度以及共同方法偏差进行分析,为后面的实证分析做准备。

第一节 数据的描述性统计

统计分析往往是从了解数据的基本特征开始的,在数据分析时,一般首先要对数据进行描述性统计分析(descriptive statistical analysis),以发现其内在的规律。描述性统计分析是整个数据分析过程的基础。变量的描述性统计分析主要描述研究中各变量的均值、标准差和相关系数。表 4-1 显示了本书各潜变量之间的相关系数。相关性分析结果显示,变量之间的相关系数均小于 0.9,说明各变量之间的区分度比较好,可以进行下一步的分析。

表 4-1 变量之间的相关系数矩阵

变量	均值	标准差	1	2	3	4	5	6	7	8
知识权力集中度	2.518 8	0.937 10	1							
知识权力距离	3.110 2	0.918 27	0.368	1						
知识控制	3.010 4	0.935 41	0.244	0.262	1					
学习引导	2.012 2	0.956 42	0.139	0.183	0.119	1				

续表

变量	均值	标准差	1	2	3	4	5	6	7	8
知识共享	2.5341	0.90115	−0.115	0.257	−0.090	−0.175	1			
创新独占	3.3041	0.92887	0.069	0.140	0.241	0.284	0.094	1		
网络稳定	2.0817	0.99115	0.268	0.348	0.288	0.261	0.114	0.108	1	
组织间信任	2.6870	0.98823	0.247	0.330	0.173	0.367	0.427	0.150	0.385	1

值得说明的是，相关系数列表的主要功能在于考察研究当中涉及的任意两个变量是否"过于相同"，当两个变量间系数大于0.9时，一般认为这两个变量过于形似而应合并为一个变量使用。由于相关系数往往反映了两个变量间通过多种途径的综合作用，因此相关系数的正负和显著性只能作为最后分析结果的一个参考，而没有过多的强制意义。

第二节 变量测量量表质量检验

一、知识权力集中度量表质量检验

本书所使用的知识权力集中度问卷是一个十分成熟的量表，其信度和构想效度在多个国家和地区得到了实证研究的支持，因而被认为是具有跨组织性质、跨国界和跨文化背景的效度。在我国文化背景下，该量表还未得到充分的应用。

知识权力集中度（knowledge power concentration，KPC）量表共包括5个题项，为了检验这5个题项是否为单维度，对其进行因子分析,发现5个题项全在一个因子上,分析结果表明:因子可解释变异量的51.320%,因子负荷最低为0.656,说明该5个题项都集中于测量知识权力集中度,不存在测量其他构念的情况。变量因子负荷及描述性统计如表4-2所示。量表的alpha(α)系数为0.741,各题项得分与总分的相关系数最低为0.641,各题项之间的相关系数均显著且为正值,不存在互斥的现象,说明5个题项对知识权力集中度具有相当高的测量信度。总体来看,知识权力集中度量表具有比较高的质量。

表4-2 知识权力集中度测量题项间的描述性统计

题项	MIN	MAX	均值	标准差	偏度	峰度	CITC	删后α	负荷	共同度
KPC1	1.00	5.00	3.3341	0.967 10	−0.107	−0.408	0.421	0.737	0.656	0.433
KPC2	1.00	5.00	3.1874	0.932 14	−0.309	−0.413	0.521	0.744	0.664	0.487
KPC3	1.00	5.00	3.2178	0.958 74	−0.324	−0.741	0.620	0.722	0.757	0.554
KPC4	1.00	5.00	2.8146	1.015 73	0.119	−0.521	0.564	0.709	0.768	0.667
KPC5	1.00	5.00	3.1172	0.865 17	−0.408	−0.162	0.415	0.697	0.833	0.559

采用整体样本数据,对经过因子分析后保留下来的知识权力集中度量表的5个题项进行描述性统计分析,其最小值、最大值、均值、标准差、偏度和峰度如表4-2所示。接下来,本书对知识权力集中度的5个题项以及总体进行相关系数分析,结果如表4-3所示。

表4-3 知识权力集中度测量题项间相关系数

题项	KPC1	KPC2	KPC3	KPC4	KPC5
KPC1	1				
KPC2	0.412***	1			
KPC3	0.412***	0.162***	1		
KPC4	0.325**	0.241**	0.521***	1	
KPC5	0.152***	0.415***	0.412***	0.402***	1
总体	0.641***	0.685***	0.741***	0.754***	0.684***

***在 $p<0.001$ 上显著,**在 $p<0.01$ 水平上显著(双尾检验)

二、知识权力距离量表质量检验

知识权力距离（knowledge power distance，KPD）量表共包括5个题项，为了检验这5个题项是否为单维度，对其进行因子分析，结果发现第5个题项（KPD5）与其余题项不在一个因子上，因此予以删除。分析结果表明：因子可解释变异量的48.241%，因子负荷最低为0.615，说明该5个题项都集中于测量知识权力距离，不存在测量其他构念的情况。变量因子负荷及描述性统计如表4-4所示。量表的alpha系数为0.704，各题项得分与总分的相关系数最低为0.588，各题项之间的相关系数均显著且为正值，不存在互斥的现象，说明这5个题项对知识权力距离具有相当高的测量信度。总体来看，知识权力距离量表具有比较高的质量（表4-4、表4-5）。

表4-4 知识权力距离测量题项间的描述性统计

题项	MIN	MAX	均值	标准差	偏度	峰度	CITC	删后α	负荷	共同度
KPD1	1.00	5.00	3.2541	0.98451	−0.098	−0.421	0.421	0.741	0.684	0.452
KPD2	1.00	5.00	3.2685	0.92354	−0.312	−0.421	0.521	0.751	0.615	0.498
KPD3	1.00	5.00	3.1524	0.98517	−0.332	−0.741	0.624	0.725	0.715	0.526
KPD4	1.00	5.00	2.6854	1.02541	0.124	−0.521	0.574	0.734	0.784	0.625
KPD5	1.00	5.00	3.2584	0.84512	−0.412	−0.162	0.421	0.741	0.841	0.551

表4-5 知识权力距离测量题项间相关系数

题项	KPD1	KPD2	KPD3	KPD4	KPD5
KPD1	1				
KPD2	0.452***	1			
KPD3	0.430***	0.231***	1		
KPD4	0.366**	0.432**	0.251***	1	
KPD5	0.487***	0.514**	0.324***	0.503***	1
总体	0.647***	0.615***	0.673***	0.712***	0.588***

***在 $p<0.001$ 上显著，**在 $p<0.01$ 水平上显著（双尾检验）

三、知识控制量表质量检验

知识控制（knowledge control，KC）量表共包括 5 个题项，为了检验这 5 个题项是否为单维度，对其进行因子分析，结果发现第 3 个题项（KC3）与其余题项不在一个因子上，因此予以删除，因子可解释变异量的 50.274%，因子负荷最低为 0.663，说明该 4 个题项都集中于测量知识控制，不存在测量其他构念的情况。变量因子负荷及描述性统计如表 4-6 所示。量表的 alpha 系数为 0.773，各题项得分与总分的相关系数最低为 0.684，各题项之间的相关系数均显著且为正值，不存在互斥的现象，说明这 4 个题项对知识控制具有相当高的测量信度（表 4-7）。总体来看，知识控制量表具有比较高的质量。

表 4-6　知识控制测量题项间的描述性统计

题项	MIN	MAX	均值	标准差	偏度	峰度	CITC	删后 α	负荷	共同度
KC1	1.00	5.00	2.5418	0.95841	−0.325	−0.418	0.584	0.684	0.715	0.481
KC2	1.00	5.00	2.3541	0.93254	−0.341	−0.416	0.418	0.715	0.726	0.521
KC4	1.00	5.00	3.2654	0.93581	−0.327	−0.541	0.427	0.715	0.663	0.437
KC5	1.00	5.00	2.0145	1.03268	−0.268	0.328	0.419	0.629	0.714	0.416

表 4-7　知识控制测量题项间相关系数

题项	KC1	KC2	KC4	KC5
KC1	1			
KC2	0.328**	1		
KC4	0.418***	0.328**	1	
KC5	0.237**	0.384**	0.264**	1
总体	0.712***	0.684***	0.736***	0.762***

***在 $p<0.001$ 上显著，**在 $p<0.01$ 水平上显著（双尾检验）

四、学习引导量表质量检验

学习引导（learning guide，LG）量表共包括 4 个题项，为了检验这 4 个题项是否为单维度，对其进行因子分析，结果发现第 1 个题项（LG1）与其余题项不在一个因子上，因此予以删除，因子可解释变异量的 48.363%，因子负荷最低为 0.685，说明该 3 个题项都集中于测量学习引导，不存在测量其他构念的情况。变量因子负荷及描述性统计如表 4-8 所示。量表的 alpha 系数为 0.795，各题项得分与总分的相关系数最低为 0.675，各题项之间的相关系数均显著且为正值，不存在互斥的现象，说明 3 个题项对学习引导具有相当高的测量信度（表 4-9）。总体来看，学习引导量表具有比较高的质量。

表 4-8 学习引导测量题项间的描述性统计

题项	MIN	MAX	均值	标准差	偏度	峰度	CITC	删后 α	负荷	共同度
LG2	1.00	5.00	3.2541	0.95841	−0.352	−0.481	0.562	0.754	0.715	0.481
LG3	1.00	5.00	2.6542	0.96351	−0.284	−0.521	0.481	0.682	0.685	0.426
LG4	1.00	5.00	3.2685	0.97485	0.268	−0.486	0.537	0.724	0.719	0.488

表 4-9 学习引导测量题项间相关系数

题项	LG2	LG3	LG4
LG2	1		
LG3	0.268**	1	
LG4	0.367***	0.228**	1
总体	0.776***	0.694***	0.675***

***在 $p<0.001$ 上显著，**在 $p<0.01$ 水平上显著（双尾检验）

五、知识共享量表质量检验

知识共享（knowledge sharing，KS）量表共包括 6 个题项，为了检验这 6 个题项是否为单维度，对其进行因子分析，发现 6 个题项全在一个因子上，分析结果表明：因子可解释变异量的

46.268%，因子负荷最低为 0.651，说明该 6 个题项都集中于测量知识流动性管理，不存在测量其他构念的情况。变量因子负荷及描述性统计如表 4-10 所示。量表的 alpha 系数为 0.736，各题项得分与总分的相关系数最低为 0.682，各题项之间的相关系数均显著且为正值，不存在互斥的现象，说明这 6 个题项对知识共享具有相当高的测量信度（表 4-11）。总体来看，知识共享量表具有比较高的质量。

表 4-10　知识共享测量题项间的描述性统计

题项	MIN	MAX	均值	标准差	偏度	峰度	CITC	删后 α	负荷	共同度
KS1	1.00	5.00	3.1025	0.95412	−0.225	−0.574	0.515	0.726	0.658	0.415
KS2	1.00	5.00	3.1527	0.95324	−0.625	−0.652	0.526	0.735	0.651	0.416
KS3	1.00	5.00	3.4256	0.94127	−0.534	−0.574	0.574	0.751	0.726	0.435
KS4	1.00	5.00	3.3584	1.03521	−0.145	−0.531	0.613	0.741	0.694	0.532
KS5	1.00	5.00	3.2654	1.04524	−0.341	−0.541	0.634	0.751	0.752	0.525
KS6	1.00	5.00	3.4125	0.98421	−0.238	−0.251	0.533	0.732	0.713	0.565

4-11　知识共享测量题项间相关系数

题项	KS1	KS2	KS3	KS4	KS5	KS6
KS1	1					
KS2	0.251***	1				
KS3	0.356**	0.264***	1			
KS4	0.284***	0.278**	0.523***	1		
KS5	0.332**	0.331***	0.426**	0.485**	1	
KS6	0.185**	0.384**	0.384***	0.225***	0.275**	1
总体	0.684***	0.714***	0.682***	0.745***	0.691***	0.712***

***在 $p<0.001$ 上显著，**在 $p<0.01$ 水平上显著（双尾检验）

六、创新独占量表质量检验

创新独占（innovation appropriability，IA）量表共包括 9 个

题项，因子分析结果发现第 1 个和第 8 个题项（IA1 和 IA8）与其余题项不在一个因子上，因此予以删除。对剩余 7 个题项进行因子分析，结果表明，因子可解释变异量的 62.412%，因子负荷最低为 0.694，说明该 7 个题项都集中于测量创新独占，不存在测量其他构念的情况。因子分析及描述性统计结果如表 4-12 所示。量表的 alpha 系数为 0.776，各题项得分与总分的相关系数最低为 0.681，各题项之间的相关系数均为正值，不存在互斥现象，说明 7 个题项对创新独占具有相当高的测量信度（表 4-13）。总体来看，创新独占量表具有比较高的质量。

表 4-12 创新独占测量题项间的描述性统计

题项	MIN	MAX	均值	标准差	偏度	峰度	CITC	删后 α	负荷	共同度
IA2	1.00	5.00	3.2641	0.95412	−0.264	−0.458	0.658	0.771	0.694	0.516
IA3	1.00	5.00	3.2684	1.02415	−0.274	−0.516	0.624	0.725	0.742	0.517
IA4	1.00	5.00	3.2684	0.98451	−0.268	−0.481	0.594	0.716	0.781	0.526
IA5	1.00	5.00	3.2687	0.95874	0.318	−0.521	0.624	0.732	0.761	0.584
IA6	1.00	5.00	3.1574	0.93514	0.342	−0.638	0.581	0.716	0.728	0.624
IA7	1.00	5.00	3.1874	0.92841	−0.246	−0.481	0.537	0.685	0.718	0.467
IA9	1.00	5.00	2.9841	0.93854	0.311	−0.784	0.641	0.716	0.736	0.538

表 4-13 创新独占测量题项间相关系数

题项	IA2	IA3	IA4	IA5	IA6	IA7	IA9
IA2	1						
IA3	0.318**	1					
IA4	0.232**	0.334**	1				
IA5	0.267***	0.274***	0.487***	1			
IA6	0.317**	0.269***	0.395**	0.386**	1		
IA7	0.265**	0.317**	0.267**	0.398**	0.287**	1	
IA9	0.385***	0.295**	0.347**	0.485**	0.368**	0.268***	1
总体	0.741***	0.684***	0.716***	0.726***	0.681***	0.728***	0.684***

***在 $p<0.001$ 上显著，**在 $p<0.01$ 水平上显著（双尾检验）

七、网络稳定量表质量检验

网络稳定（network stability，NS）量表共包括 5 个题项，为了检验这 5 个题项是否为单维度，对其进行因子分析，发现 5 个题项全在一个因子上，分析结果表明：因子可解释变异量的49.241%，因子负荷最低为 0.716，说明该 5 个题项都集中于测量网络稳定，不存在测量其他构念的情况。变量因子负荷及描述性统计如表 4-14 所示。量表的 alpha 系数为 0.786，各题项得分与总分的相关系数最低为 0.684，各题项之间的相关系数均显著且为正值，不存在互斥的现象，说明这 5 个题项对网络稳定具有相当高的测量信度（表 4-15）。总体来看，网络稳定量表具有比较高的质量。

表 4-14 网络稳定测量题项间的描述性统计

题项	MIN	MAX	均值	标准差	偏度	峰度	CITC	删后 α	负荷	共同度
NS1	1.00	5.00	2.3541	0.95174	−0.241	−0.481	0.471	0.681	0.788	0.574
NS2	1.00	5.00	2.8415	0.98521	−0.328	−0.426	0.628	0.718	0.762	0.428
NS3	1.00	5.00	3.2841	0.93472	0.267	−0.417	0.468	0.734	0.716	0.419
NS4	1.00	5.00	3.2681	1.02451	−0.317	−0.521	0.417	0.682	0.781	0.432
NS5	1.00	5.00	2.8415	0.93581	−0.284	−0.442	0.439	0.712	0.725	0.417

表 4-15 网络稳定测量题项间相关系数

题项	NS1	NS2	NS3	NS4	NS5
NS1	1				
NS2	0.264***	1			
NS3	0.427**	0.234***	1		
NS4	0.228**	0.273**	0.438**	1	
NS5	0.267**	0.339**	0.316**	0.284**	1
总体	0.712***	0.684***	0.736***	0.762***	0.775***

***在 $p<0.001$ 上显著，**在 $p<0.01$ 水平上显著（双尾检验）

八、组织间信任量表质量检验

组织间信任（inter-organizational trust，IT）量表共包括 7 个题项，为了检验这 7 个题项是否为单维度，对其进行因子分析，因子分析结果发现第 2 个和第 5 个题项（IT2 和 IT5）与其余题项不在一个因子上，因此予以删除。对剩余 5 个题项进行因子分析，结果表明因子可解释变异量的 52.121%，因子负荷最低为 0.654，说明该 5 个题项都集中于测量组织间信任，不存在测量其他构念的情况。变量因子负荷及描述性统计如表 4-16 所示。量表的 alpha 系数为 0.772，各题项得分与总分的相关系数最低为 0.676，各题项之间的相关系数均显著且为正值，不存在互斥的现象，说明 5 个题项对组织间信任具有相当高的测量信度（表 4-17）。总体来看，组织间信任量表具有比较高的质量。

表 4-16　组织间信任测量题项间的描述性统计

题项	MIN	MAX	均值	标准差	偏度	峰度	CITC	删后 α	负荷	共同度
IT1	1.00	5.00	2.5751	0.90841	−0.311	−0.410	0.577	0.672	0.707	0.477
IT3	1.00	5.00	3.3178	0.90712	−0.294	−0.317	0.456	0.683	0.724	0.412
IT4	1.00	5.00	3.2844	0.93381	−0.318	−0.538	0.439	0.700	0.654	0.425
IT6	1.00	5.00	3.3834	0.97171	−0.272	−0.408	0.460	0.718	0.717	0.527
IT7	1.00	5.00	3.0570	0.91856	−0.314	−0.468	0.511	0.622	0.676	0.419

表 4-17　组织间信任测量题项间相关系数

题项	IT1	IT3	IT4	IT6	IT7
IT1	1				
IT3	0.334**	1			
IT4	0.402***	0.328**	1		
IT6	0.215**	0.374**	0.276**	1	
IT7	0.323***	0.416**	0.268***	0.424**	1
总体	0.721***	0.676***	0.712***	0.750***	0.785***

***在 $p<0.001$ 上显著，**在 $p<0.01$ 水平上显著（双尾检验）

第三节　变量测量的效度

效度（validity）是指一个量表（scale）或一组测量（a set of measures）能精确地测量到所要测量的概念或对象的程度。效度反映了测量量表的精确性。因为潜变量是不能直接观测的，一般可以通过直接观测的题项来体现，所以对潜变量之间的关系检验多是通过检验众多可观测题项之间的关系来完成的。因此，在使用结构方程模型进行分析前，必须保证那些可观测的题项可以很准确地反映不可观测的潜变量。

变量的效度分为多个方面，如内容效度（测量题项是否与潜变量的定义相匹配，能否很好地反映潜变量的概念）、校标效度（测量题项与其他已知的、可靠的、能反映潜变量的指标之间的一致性）、区分效度以及内聚效度。在内容效度方面，前述的量表质量检验已经进行了检验，本书中设计的变量都是先前研究中较为成熟的变量，所采用的测量量表也是被众多研究所采用并认可的，所以可以全面而准确地反映变量的概念。在校标效度方面，本书也进行了检验，结果表明这些量表的校标效度较好。因此，接下来，本书重点讨论所采用的测量量表的区分效度和内聚效度。

一、变量的内聚效度检验

内聚效度是指在用多种方法来测量同一个变量时，测量结果之间的相关程度。因此，很多学者采用多质多法模型（Multitrait-Multimethod, MTMM）的方法来检验变量的内聚效度。但是在实际的研究中，学者们往往只采用一种测量方法，在内聚效度的测量方面也经常使用信度的测量指标来代替。本书主要从探索性因子分析、变量的 AVE 计算以及 alpha 系数这几个方面来检验变量的内聚效度。

首先，本书对模型中的 8 个变量进行探索性因子分析。因子分析是一种有效的浓缩数据的统计方法。在对潜变量的多个测量题项进行因子分析之前，首先要检验这些数据是否适合做因子分析。其中 KMO（Kaiser-Meyer-Olykin）检验和巴特利特球形检验（Bartlett test of spherieity）经常作为判断的依据。其中，巴特利特球形检验从检验整个相关矩阵出发，其零假设为相关矩阵是单位矩阵，如果不能拒绝该假设的话，则不适合做因子分析。当巴特利特球形检验的统计值显著性概率小于等于显著性水平时，可以做因子分析。KMO 检验从比较测量题项之间的简单相关系数和偏相关系数的相对大小出发，其值范围为 0~1。当所有测量题项之间的偏相关系数的平方和远小于简单相关系数的平方和时，KMO 值接近 1，KMO 值越大表明越适合做因子分析。一般来说，KMO 值在 0.9 以上，表明非常适合做因子分析，0.8~0.9 表示很适合，0.7~0.8 表示适合，0.6~0.7 表示不太适合，0.5~0.6 表明很勉强，0.5 以下则表明不适合。本书所涉及的变量所做的检验表明，所有变量都适合做因子分析。

经过巴特利特球形检验和 KMO 检验，本书中的变量都适合做因子分析（表 4-18）。本书分别对各个变量做了因子分析，主要关注因子分析结果中的三项指标：特征值、因子提取变异以及因子载荷。

表 4-18　变量的巴特利特球形检验和 KMO 检验

变量	巴特利特球形检验			KMO 值	因子分析适合程度
	近似 χ^2 分布	自由度	显著性		
知识权力集中度	524.401	10	0.000	0.724	适合
知识权力距离	419.158	10	0.000	0.733	适合

续表

变量	巴特利特球形检验			KMO 值	因子分析适合程度
	近似 χ^2 分布	自由度	显著性		
知识控制	947.899	6	0.000	0.813	很适合
学习引导	559.035	3	0.000	0.775	适合
知识共享	392.850	15	0.000	0.822	很适合
创新独占	474.775	21	0.000	0.861	很适合
网络稳定	624.107	10	0.000	0.790	适合
组织间信任	648.271	10	0.000	0.748	适合

在因子分析中，特征值一般成为提取因子个数的重要参考指标，默认的因子提取原则是特征值大于 1。本书首先把模型中涉及的 8 个因子做了探索性因子分析，若按照特征值大于 1 的标准来提取因子，则提取出 7 个因子，要比 8 个变量少 1 个。尽管如此，从因子分析的结果显示第 8 个因子的特征值为 0.978，非常接近 1，所以本书把提取因子的标准稍微放松，认为可以提取 8 个因子（正好等于变量数）。然后采用 Varmax 方法进行旋转。得到的探索性因子分析结果如表 4-19 所示。

表 4-19 探索性因子分析结果

变量	题项	因子							
		1	2	3	4	5	6	7	8
知识权力集中度 α=0.8947	KPC1	0.169	−0.058	−0.025	0.102	−0.043	0.820	0.053	0.066
	KPC2	0.181	−0.071	0.031	0.089	−0.077	0.818	0.080	0.138
	KPC3	0.138	−0.087	0.027	0.119	0.086	0.805	0.096	0.012
	KPC4	0.105	0.069	0.055	0.061	−0.052	0.796	0.107	0.112
	KPC5	0.114	−0.066	0.067	0.097	−0.067	0.884	0.072	0.094
知识权力距离 α=0.8990	KPD1	−0.059	0.808	−0.071	0.061	0.072	−0.039	−0.044	0.009
	KPD2	−0.065	0.825	0.030	0.102	0.124	−0.058	−0.058	0.030
	KPD3	0.051	0.831	0.035	0.094	−0.067	−0.103	−0.074	0.012

续表

变量	题项	因子							
		1	2	3	4	5	6	7	8
知识权力距离 α=0.8990	KPD4	−0.023	0.792	−0.030	0.140	0.106	0.007	0.037	−0.004
	KPD5	−0.098	0.801	0.016	0.081	0.140	−0.098	0.010	0.033
知识控制 α=0.7995	KC1	0.799	0.031	0.043	−0.046	0.067	0.048	0.077	0.105
	KC2	0.818	0.102	0.056	0.036	0.135	0.104	0.126	−0.023
	KC3	0.795	−0.042	0.006	0.060	0.024	0.047	0.138	0.049
	KC4	0.698	0.067	0.078	0.062	0.049	0.013	0.002	0.066
学习引导 α=0.8106	LG1	0.121	−0.034	0.054	0.881	0.097	0.019	−0.015	0.142
	LG2	0.055	0.137	0.106	0.857	0.023	0.039	0.064	0.009
	LG3	0.14	0.093	0.075	0.841	0.071	0.075	0.047	−0.002
知识共享 α=0.7962	KS1	0.136	0.077	0.103	0.128	0.688	0.132	0.125	0.107
	KS2	−0.022	0.129	0.037	0.084	0.715	.027	−0.030	0.119
	KS3	0.034	0.102	0.048	0.139	0.734	0.127	0.009	0.085
	KS4	0.078	0.054	0.083	0.098	0.762	0.141	0.059	0.073
	KS5	0.110	0.089	0.035	0.075	0.746	0.092	0.142	0.133
	KS6	0.003	0.005	0.082	0.115	0.722	0.078	0.071	−0.036
创新独占 α=0.7841	IA1	0.032	0.041	0.019	0.067	0.109	0.044	0.109	0.783
	IA2	0.129	0.075	0.098	−0.041	0.143	0.089	−0.011	0.755
	IA3	−0.014	0.033	0.112	0.053	0.059	0.145	0.025	0.699
	IA4	0.057	0.040	0.143	0.135	−0.011	−0.015	0.149	0.718
	IA5	0.049	0.057	0.020	.088	0.127	0.117	0.096	0.724
	IA6	0.025	0.095	−0.091	0.060	0.074	0.034	0.102	0.733
	IA7	0.103	0.020	0.133	0.015	0.026	0.105	0.008	0.740
网络稳定 α=0.7769	NS1	−0.004	−0.017	0.684	0.049	0.053	−0.018	0.101	0.138
	NS2	0.203	0.053	0.711	0.122	−0.004	−0.037	0.043	0.002
	NS3	0.087	0.124	0.793	0.026	0.124	0.090	−0.022	0.079
	NS4	0.092	0.133	0.745	0.118	0.102	0.135	−0.038	0.125
	NS5	−0.001	0.014	0.727	0.048	0.068	0.013	0.126	−0.077
组织间信任 α=0.8107	IT1	0.067	0.052	0.013	0.081	0.113	0.059	0.722	0.091
	IT2	0.034	−0.020	0.047	0.102	0.033	−0.057	0.637	0.034
	IT3	0.66	0.075	0.029	0.037	0.025	0.025	0.706	0.107
	IT4	0.073	0.041	0.035	−0.008	0.021	0.001	0.823	0.028
	IT5	0.043	0.050	0.063	−0.017	0.051	0.147	0.715	0.017

从表中可以看到，从因子载荷的从属关系上，每个变量的测量题项都从属于一个因子，并且在其他因子上的载荷都相对较小。这意味着每个因子都反映了一个潜变量，各个变量的因子结构都很清晰，没有出现变量题项交叉的情况。在因子载荷的大小上，每个变量的测量题项在其所属因子上的载荷都比较高，一般都在 0.8 左右，最低的因子载荷为 0.637。一般认为，因子载荷大于 0.5 就满足内聚效度的要求。因此，从探索性因子分析的结果来看，本书中所涉及的变量的测量结构清晰，内聚效度较好。

除了因子分析外，本书还对变量进行了 alpha 系数检验。尽管 alpha 系数经常被用于检验变量的信度，但是 alpha 系数在一定程度上也可以反映变量的内聚效度，alpha 系数大于 0.7 就意味着具有良好的内聚效度，alpha 系数大于 0.85 则意味着测量量表可以包含 50%以上的变异误差。从检验结果可以看到，在本书所采用的变量中，所有 alpha 系数都在 0.8 左右，最小值为 0.7652，这意味着变量的内聚效度较好。

二、变量的区分效度检验

变量的区分效度可以从多个方面得到体现，从之前的探索性因子分析结果中可以看到，各个变量的测量题项都汇聚于同一个因子上，在其他因子上的载荷一般比较小。这表明这些测量题项之间不存在交叉现象，因子之间的区分性较好。另外两种区分效度的检验方法主要是基于结构方程模型的 AVE 方法。

尽管区分效度的检测标准没有确切的指标，但一般认为，与其他测量指标之间的相关系数低于 0.7 都被认为是可以接受的。

另外一种反映变量内聚效度的指标是变量的 AVE 值。AVE 表示测量的变异误差,经常通过对比 AVE 的平方根与变量之间的相关系数的大小来确定变量之间的区分效度。若变量的 AVE 平方根大于变量之间的相关系数则表明变量之间的区分效度较好。AVE 的计算公式如下:

$$\begin{aligned}\mathrm{Var}(x_1+\cdots+x_n) &= \mathrm{Var}(\lambda_1 x_1+\varepsilon_1+\cdots+\lambda_n x_n+\varepsilon_n)\\ &= \left(\sum \lambda_i^2\right)\mathrm{Var}(X)+\sum \mathrm{Var}(\varepsilon_i)\end{aligned} \quad (4\text{-}1)$$

其中,λ 是指标题项 x_i 在潜变量 X 上的载荷,$\sum \mathrm{Var}(\varepsilon_i)$ 是指潜变量 X 无法被解释的变异,ε_i 是指标题项 x_i 的测量误差,则:

$$\mathrm{AVE}(X)=\frac{\left(\sum \lambda_i^2\right)\mathrm{Var}(X)}{\left(\sum \lambda_i^2\right)\mathrm{Var}(X)+\sum \mathrm{Var}(\varepsilon_i)} \quad (4\text{-}2)$$

为了得到公式中的各个测量题项的载荷 λ 和测量误差 ε_i,本书对所有变量进行了探索性因子分析,模型的拟合情况如表 4-20 所示,所有拟合指标都表明验证性因子分析模型拟合得很好,表明因子结构清晰。

表 4-20　验证性因子分析模型拟合结果

χ^2	自由度	χ^2/df	RMSEA	NFI	NNFI	CFI	GFI
744.28	546	1.36	0.057	0.92	0.95	0.96	0.91
越小越好		小于 2	小于 0.1	大于 0.9	大于 0.9	大于 0.9	大于 0.9

验证性因子分析的结果如表 4-21 所示,从因子载荷上看,因子载荷都较高,最小为 0.54,与之前的探索性因子分析的结果类似。在因子载荷方面,所有因子载荷都在 0.01 水平下显著,最小的 T 值为 15.35。

表 4-21 验证性因子分析结果及 AVE 计算

变量	题项	因子载荷	测量误差	T值	AVE
知识权力集中度	KPC1	0.76	0.43	16.16	0.6306
	KPC2	0.86	0.54	18.93	
	KPC3	0.78	0.26	18.31	
	KPC4	0.69	0.37	16.54	
	KPC5	0.59	0.44	17.43	
知识权力距离	KPD1	0.68	0.45	17.05	0.5243
	KPD2	0.72	0.39	16.38	
	KPD3	0.69	0.51	16.59	
	KPD4	0.72	0.48	15.66	
	KPD5	0.76	0.47	16.23	
知识控制	KC1	0.86	0.25	20.11	0.6909
	KC2	0.82	0.28	19.52	
	KC3	0.83	0.34	19.60	
	KC4	0.79	0.31	18.75	
学习引导	LG1	0.75	0.46	17.32	0.5495
	LG2	0.73	0.47	16.59	
	LG3	0.77	0.40	16.88	
知识共享	KS1	0.79	0.38	17.87	0.5938
	KS2	0.76	0.41	18.01	
	KS3	0.80	0.32	18.26	
	KS4	0.74	0.36	17.65	
	KS4	0.75	0.40	17.87	
	KS6	0.79	0.38	17.68	
创新独占	IA1	0.59	0.42	17.03	0.5011
	IA2	0.66	0.38	15.35	
	IA3	0.68	0.37	16.20	
	IA4	0.65	0.41	16.43	
	IA5	0.70	0.38	16.56	
	IA6	0.54	0.42	16.11	
	IA7	0.59	0.32	16.52	
网络稳定	NS1	0.75	0.40	17.70	0.5951
	NS2	0.79	0.35	18.03	
	NS3	0.81	0.37	17.65	
	NS4	0.73	0.39	17.32	
	NS5	0.77	0.38	17.84	

续表

变量	题项	因子载荷	测量误差	T值	AVE
组织间信任	IT1	0.65	0.41	16.22	0.5054
	IT2	0.71	0.43	17.03	
	IT3	0.68	0.38	15.79	
	IT4	0.60	0.42	16.14	
	IT5	0.58	0.44	16.42	

按照 AVE 的计算公式，对本书所涉及的 8 个变量的 AVE 值进行了计算，所有变量的 AVE 值都大于 0.5，一般认为 AVE 值大于 0.5 就代表内聚效度较好。创新独占和组织间信任的 AVE 值略大于 0.5，但是在因子分析过程中这两个变量具有较高的因子载荷，所以可以认为内聚效度也处于可接受的范围之内。这与前面通过探索性因子分析和 α 检验得出的关于变量的内聚效度较高的结论相一致。

在区分效度方面，通过 AVE 值的平方根与变量之间相关系数的大小，可以看出本书中的所有变量之间的相关系数都要远小于各变量 AVE 值的平方根，这表明各个变量之间具有较高的区分效度（表 4-22）。

表 4-22 变量的区分效度检验

变量	1	2	3	4	5	6	7	8
知识权力集中度	0.7941							
知识权力距离	0.355	0.7241						
知识控制	0.256	0.270	0.8312					
学习引导	0.140	0.185	0.120	0.7413				
知识共享	−0.110	0.260	−0.090	−0.180	0.7706			
创新独占	0.075	0.142	0.242	0.267	0.105	0.7079		
网络稳定	0.268	0.350	0.290	0.262	0.117	0.112	0.7714	
组织间信任	0.252	0.331	0.167	0.368	0.422	0.151	0.387	0.7109

注：对角线上是 AVE 值的平方根

第四节 变量测量的信度及共同方法分析

一、变量测量的信度

信度（reliability）主要是指论证方法和数据的可信性，在测量中是指同一测量工具对同一测量对象得到一致结构（数据或质量）的可能性。测量信度奖惩使用的 alpha 系数的一个前提假设是变量是单一维度的，这意味着对于多温度变量，alpha 系数指标往往会低估变量的信度。因此，在正确地使用 alpha 系数指标之前，首先要保证变量是单一维度，而 alpha 系数检验要放在单一维度性检验之后。单一维度性的测量指标的背后有一个共同的因子，从前面的因子分析的结果都可以看出，各个变量的测量体系都汇聚在一个共同的因子上，因子载荷都比较高。另外变量的题项并非出现交叉现象，这些迹象都表明变量具有较好的单一维度性，可以使用 alpha 系数指标来表明变量的信度。

alpha 系数指标检验结果表明，各个变量的 alpha 系数都在 0.7 以上，alpha 系数在 0.7 以上就表明变量的信度处于可接受的范围内。George 和 Mallery（2010）认为，alpha 系数越大越好。他们认为，大于 0.9 表明 alpha 系数非常好，大于 0.8 表明 alpha 系数好，大于 0.7 表明 alpha 系数可以接受，如果小于 0.7 就说明 alpha 系数是可疑的，如果小于等于 0.5 则表明 alpha 系数不可以被接受。但是，也有学者认为 alpha 系数并非越大越好，如果 alpha 系数太高，则意味着测量题项之间存在很大的重复，即多个题项都在问同一个问题（Green et al., 2016）。因此，他们认为如果 alpha 系数超过 0.9 也是不好的。本书中的变量 alpha 系数在 0.7652~0.8548，既不是太高也不是太低。因此，可以认为本书的变量信度较好。

二、共同方法偏差分析

共同方法偏差（common method biases）指的是因为同样的数据来源或评分者，同样的测量环境、项目语境，以及项目本身特征所造成的预测变量与校标变量之间公变。对于自我报告的测量方式，共同方法偏差问题必须要考虑。共同方法偏差会使得在统计分析中过高地估计两个变量之间的相关性。

由于本书所采用的数据是通过自我报告的形式来收集的，这会带来共同方法偏差问题。本书通过 Harman 提出的单因子检验（One-factor Test）方法来检验共同方法偏差问题。在具体的实施步骤方面，本书采用了 Podsakoff 和 Organ（1986）的方法，结果显示无旋转的因子分析结果显示提出了 6 个因子（提取原则是特征值大于 1）。虽然本书的模型包含 8 个变量，但是因子分析的结果显示第 8 个因子的特征值为 0.978，也就是说，几乎达到提取的标准（特征值大于 1）。其中第 1 个因子的特征值为 7.330，解释总体变异在 40% 以下，表明共同方法偏差问题处于可接受范围内。另外按照 Brockner 等（1997）的观点，若研究中包含交互效应，则不需要对共同方法偏差问题过于关注，因为被访者不会不经思考地就对题项都打高或者低。本书模型中也考虑了包括交互效应在内的二次效应。综上所述，本书认为所采用的研究数据在共同方法偏差方面的问题处于可接受范围之内。

调研过程中，本书在调查问卷的设计方面也对共同方法偏差给予了一定的控制。问卷分为几个部分，在每个部分结束后，会有一段介绍的文字说明部分题项的填写方法。这样一方面可以让被访者更好地了解问卷填写的规则；另一方面，被访者在理解这段文字的时候也需要花费一些时间，这在一定程度上延长了变量之间的填写时间，可以在一定程度上避免共同方法偏差问题。

第五章
实证研究结果与分析

第一节 统计分析方法与过程

本书的主要目的是运用知识权力对创新网络进行治理,并阐述知识权力分布、网络治理方式与网络治理绩效之间的作用过程。首先,本书对所用到的结构性潜变量进行因子分析,以检验所采用的用以度量各个潜变量的指标是否具有结构上的一致性和有效性;其次,对所有变量进行 Pearson 相关系数分析以初步探测各个变量之间的可能关系。本书采用多元回归的方法检验这些变量之间的关系,同时检验自变量之间是否存在多重共线性问题,并对这些验证结果进行讨论。

一、结构方程模型

结构方程模型(structural equation modeling,SEM)是一种通用而且非常重要的线性统计建模技术,始于 20 世纪 60 年代,90 年代国外学者开始将其广泛应用于心理学、社会学、经济学、行为科学等领域的研究。其整合了因素分析与路径分析这两大当代统计技术,是用来检验有关观测变量(observed variables)与潜变量(latent variables)之间假设关系的一种综合式的统计工具。它是计量经济学、计量社会学与计量心理学等统计方法的综合。

概括地讲,结构方程模型是利用联立方程组求解,只是它没有很严格的假定限制条件,同时允许自变量和因变量存在测量误差。结构方程模型中包含了很多种方法,如协方差结构分析、潜变量分析以及确证性的因子分析等。同时，它另外一些特点优于多元回归、路径分析、计量经济学中的联立方程组以及因子分析等。与简单的线性回归相比，结构方程模型具有以下优点：①评价多维的和相互关联的关系，而且能够在评价过程中解释测量误差；②能够发现这些关系中没有察觉到的概念关系，而且能够在评价的过程中解释测量误差；③与因素分析类同，结构方程模型允许潜变量由多个观察指标变量构成，并可同时估计指标变量的信度和效度；④结构方程模型可以采用比传统方法更有弹性的测量模型，如某一指标变量从属于两个潜在因子；⑤研究者可勾画出潜变量之间的关系，并估计整个模型是否与数据拟合。

本书之所以采用结构方程模型的方法，是因为本书所涉及的所有变量都是潜变量，都是由多个指标（题项）来测量的，这些变量具有主观性强、难以直接测量、度量误差大等特点。在传统的多元回归分析中,学者们一般把多个测量指标的均值当作是潜变量的得分，再利用潜变量得分进行回归分析，这样做存在一些不足之处。

应用结构方程模型进行统计分析具有以下五个步骤：①模型设定，即在进行模型估计之前，研究人员先要根据理论或遗忘研究成果来设定假设的初始理论模型；②模型识别，这一步骤要决定所研究的模型是否能够求出参数估计的唯一解,在有些情况下，由于模型被错误地设定，其参数不能识别，求不出唯一的估计值，因而有可能造成模型无解；③模型估计，模型参数可以采用集中不同的方法来估计，最常用的模型估计方法是最大似然法和广义最小二乘法；④模型评价，在取得了参数估计值以后，需要对模型与数据之间是否拟合进行评价，并与替代模型的拟合指标进行比较；⑤模型修正，如果模型不能很好地拟合数据，就需要对模型进行修正和再次设定，在这种情况下研究人员需要考虑删除、增加或是修改模型的参数，通过参数的再设定以增加模型的拟合程度。以上五个步骤构成了应用结构方程模型研究一个理论模型的基础工作。

因此，本书借助 AMOS 7.0 软件，通过结构方程模型来分析基于知识权力的创新网络治理机理，力求更好地揭示合作创新过程中不同的知识权力分布与不同网络治理方式对网络治理绩效的作用路径。

二、主要参数说明

结构方程模型评价的核心是对模型与数据间是否拟合进行评价，包括研究者所提出的变量间关联的模式是否与实际数据拟合以及拟合的程度如何。模型对观测数据拟合良好，表明研究者对问题结构的分析，也就是模型的有效性得到验证。为验证概念模型的合理性与可行性，通常采用各类拟合指标来反映数据对理论模型的支持程度，拟合指数分为绝对拟合指数和相对拟合指数，如表 5-1 所示。

表 5-1 结构方程模型常用拟合指数

拟合指数		稳定性是否受样本容量影响	评估模型简约性	数据非正态时能否估计指数	备注
绝对拟合指数	χ^2/df	否	否	否	适合多组比较分析
	GFI	否	否	不明确	应用不同模型评价方法时表现稳定
	AGFI	否	是	不明确	可增加自由度调整 GFI
	RMSEA	否	是	不明确	测量模型的绝对拟合模型不简约时加以惩罚
相对拟合指数	CFI	是	否	一般低估	对比较嵌套模型最适合
	NFI	否	否	否	对正态和小样本敏感
	NNFI	不明确	否	否	用来比较嵌套模型
	IFI	不明确	否	不明确	比较模型差异性

各类拟合指标说明如下：

卡方比率（chi-square/*df* radio），即 χ^2/df。一般认为 χ^2/df 在 2.0~5.0，模型是可以被接受的，该值越接近 2.0，表明整体拟合效果越好。

拟合优度指标（goodness-of-fit index，GFI）和调整的拟合优度指标（adjusted goodness-of-fit index，AGFI），这两个拟合指标的值在 0~1，一般大于 0.8 说明模型表现良好。

近似误差方根（root mean square error of approximation，RMSEA），这个指标越小表明拟合效果越好，RMSEA<0.1 表示模型具有较好的拟合，低于 0.05 则表示模型的拟合效果非常好。

比较拟合指数（comparative fit index，CFI），一般取值在 0~1，大于 0.8 表示模型具有较好的拟合效果。

标准拟合指数（normal fit index，NFI），大于 0.9 表示数据与模型拟合良好。

非范拟合指数（non-normal fit index，NNFI），一般取值在 0.9 以上表示拟合效果非常好，0.8 以上则表示数据与模型之间的拟合效果可以接受。

增量拟合指数（incremental fit index，IFI），取值越接近 1 表明拟合效果越好。

衡量结构方程模型拟合效果的指标远不止以上几个，上述所列举的只是文献中经常见到、被广泛使用的拟合指标。结构方程模型相关软件还可以计算出其他一些拟合指标，诸如标准化残差均方根（SRMR）、相对拟合指数（RFI）等。由于结构方程模型方法只有几十年的历史，关于结构方程模型拟合指标的研究还在不断地深入，目前常用的拟合指标都或多或少地存在着一些局限性，所以不能仅仅通过少数几个指标来判断模型的实际拟合效果；另外，关于指标的判断范围，不同的学者还存在着相当大的差异。因此，判断一个结构方程模型的拟合效果，必须全面的、综合地对数据和模型以及根据实际情况加以考察。

值得注意的是，评价一个模型必须检查多个拟合指数，而不可以仅仅依赖其中的某一个。一个好的拟合指数应该满足以下特点：不受样本容量的影响、取值在某一个范围和惩罚复杂模型。在实际应用中，一般选取几个具有代表性的指数即可，并不需要将拟合指标全部列出。一般情况下，除了 χ^2 和自由度以外，至少还要选取一个相对拟合指数和一个绝对拟合指数来检验数据与模型的拟合程度。

第二节　潜变量中介效应和调节效应的检验方法

一、中介效应的检验方法

考虑自变量 X 对因变量 Y 的影响，如果自变量 X 通过影响变量 M 来影响 Y，那么则称 M 为中介变量，如图 5-1 所示，假设所有变量都已经中心化（均值为 0），可以用以下方程来描述变量之间的关系。

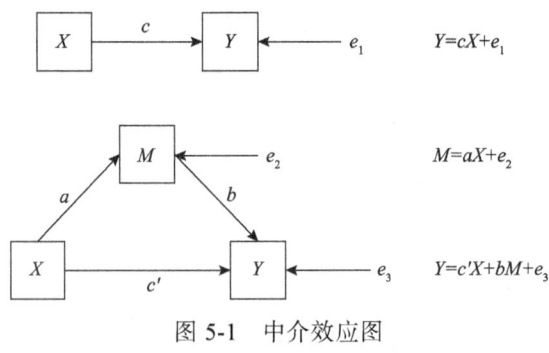

图 5-1　中介效应图

第五章 实证研究结果与分析

假设 Y 与 X 之间的相关关系是显著的，就意味着回归系数 c 显著（即 H_0：$c=0$ 的假设被拒绝），在这个前提下考虑中介变量 M。如何知道 M 真正起到了中介效应的作用，或者说充当了中介变量呢？一般的做法是依次检验回归系数，如果下面中的两个条件成立，则中介效应显著：①自变量显著影响因变量；②在因果链中任一变量，当控制了它前面的变量（包括自变量）后，显著影响它的后继变量，这也是 Baron 和 Kenny（1986）定义的（部分）中介过程；③在控制了中介变量之后，自变量对因变量的影响不显著，这就变成了完全中介过程。在只有一个中介变量的情况下，上述条件相当于：①系数 c 显著（即 H_0：$c=0$ 的假设被拒绝）；②系数 a 显著（即 H_0：$a=0$ 的假设被拒绝），且系数 b 显著（即 H_0：$b=0$ 的假设被拒绝）。完全中介过程还要加上系数 c' 不显著。

第二种做法是检验经过中介变量的路径上的回归系数的乘积（$a \times b$）是否显著（即 H_0：$a \times b=0$），如果假设被拒绝，则说明中介效应显著，这种做法其实是将 $a \times b$ 作为中介效应。

第三种做法是检验 c' 和 c 的差异是否显著（即 H_0：$c'-c=0$），如果拒绝原假设，中介效应显著。

本书在比较上述三种方法之后，借鉴温忠麟等（2004）所提出的一个既可以检验部分中介效应，又可以检验完全中介效应的方法，并且犯第一类错误和第二类错误可能性都比较小的检验程序，具体过程如下：

（1）检验回归系数 c，如果显著，则继续下面的步骤，否则停止分析。

（2）做 Baron 和 Kenny（1986）的部分中介检验，即依次检验系数 a 和 b，如果都显著，就意味着 X 对 Y 的影响至少有一部分是通过了中介变量 M 实现的。第一类错误率小于等于 0.5，继续下面的步骤（3）。如果至少有一个不显著，由于该检验的功效较低（即第二类错误率较大），所以还不能下结论，转到步骤（4）。

（3）做完全中介检验中的第三个检验（因为前两个在上一步已经完成），也就是检验系数 c'。如果不显著，说明 M 充当的是完全中介作用，即 X 对 Y 的影响都是通过中介变量 M 实现的；如果显著，说明 M 只是部分中介，即 X 对 Y 的影响只有一部分是通过中介变量 M 实现的。检验结束。

（4）做 Sobel 检验，如果显著，则意味着 M 的中介效应显著，否则中介效应不显著。检验结束。

整个检验程度如图 5-2 所示。

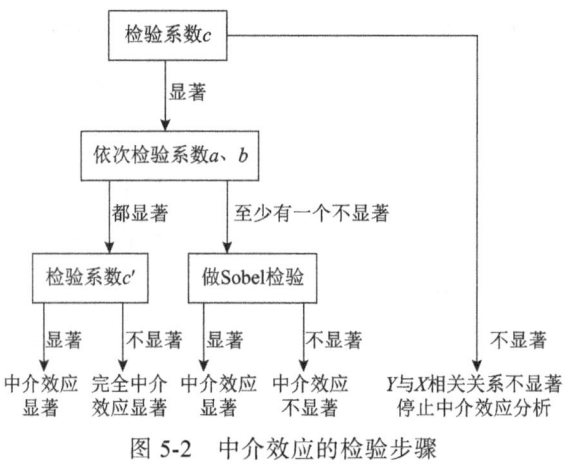

图 5-2　中介效应的检验步骤

二、调节效应的检验方法

随着定量化研究在管理学领域中的盛行，线性回归统计方法被广泛地用于变量之间的关系研究。但是线性回归的基本假设是变量间的简单线性关系，而实际上变量间的关系可能会随着情景的变化而变化。因此，在实际的研究中，经常会出现不一致甚至相反的结论，这就要求学者们去探索情景变量如何影响变量间的关系，也就是考虑非线性关系的作用。实际上，任何理论都是在一定情景下提出的，这意味着一项理论或者研究结论都有一定的适用范围。通过非线性关系来确定理论的适用范围是一种非常重要的理论创新方式。所以，近几年来，无论是国外还是国内，关于非线性关系的研究都与日俱增。

在管理学研究中，很多变量都是无法直接观测和测量的，需要使用多个指标从多个方面来综合测量，这就是潜变量。潜变量为线性回归的研究方法带来了挑战，因为线性回归无法处理潜变量的测量误差问题。为了解决这一问题，结构方程模型应运而生。结构方程模型分为测量模型和结构模型两部分，并可以同时进行估计，这就解决了潜变量的测量误差问题。由于结构方程模型的这一优点，以及相关分析软件（LISREL、AMOS、EQS）的推出，结构方程模型方法在管理学研究中得到了广泛应用。尽管如此，在潜变量的非线性关系检验中，结构方程模型的使用还相对较少。因此，本书在梳理对比几种常见的潜变量非线性关系检验方法的基础之上，借鉴 Ping（1995）的研究方法，使用结构方程模型来检验潜变量的非线性关系。

本书以调节效应的三种检验方法为例，介绍以及对比和分析几种常用的研究方法。调节变量是指可以影响自变量与因变量之间关系方向或强度的变量。现有关于潜变量调节效应的检验方法主要可以分为五类：层次回归分析、分组对比分析、非线性结构方程模型、两步法结构方程模型分析、二次效应的检验方法。接下来，本书将对这五种方法进行简述和评价对比。

1. 层次回归分析

在回归方程中引入自变量和调节变量的乘积项是检验调节

效应最常用的方法，通过对比加入乘积项前后回归方程拟合优度的变化以及乘积项回归系数的显著性来判断调节效应是否存在，这种分析方法叫做层次回归分析（hierarchical regression analysis）。

$$Y = \beta_0 + \beta_1 X + \varepsilon \quad (5\text{-}1)$$

$$Y = \beta_0 + \beta_1 X + \beta_2 M + \varepsilon \quad (5\text{-}2)$$

$$Y = \beta_0 + \beta_1 X + \beta_2 M + \beta_3 XM + \varepsilon \quad (5\text{-}3)$$

$$Y = \beta_0 + (\beta_1 + \beta_3 M)X + \beta_2 M + \varepsilon \quad (5\text{-}4)$$

公式（5-1）表明自变量 X 与因变量 Y 之间的线性关系。通过逐步放入调节变量 M 以及调节变量和自变量的乘积项 XM，得到公式（5-2）和公式（5-3）。对公式（5-3）进行合并同类项，得到公式（5-4），可以更加清晰地看到 X 和 Y 之间的关系强度。（$\beta_1 + \beta_3 M$）会随着 M 的变化而变化，若系数 β_3 显著不等于 0，则表明 M 的调节效应显著。再看 β_3 显著性的同时还要对比公式（5-3）和公式（5-2）的拟合优度（R^2）的变化情况。如果拟合优度的变化值 ΔR^2 显著，说明公式（5-3）比公式（5-2）可以更好地解释 Y 的变异，这说明加入乘积项 XM 可以显著地提升对 Y 变异的解释力度。在构建乘积项 XM 时，要先对变量 X 和 M 进行中心化处理，这样可以避免乘积项 XM 与变量 X 和 M 之间存在多重共线性。尽管层次回归分析是分析调节效应最流行的做法，但是该方法与以往的线性回归分析一样，仍然把潜变量当做显变量来对待，没有考虑潜变量的测量误差问题。

2. 分组对比分析

分组对比分析方法也是检验调节效应最常用的方法，具体的操作方法是按照调节变量 M 的大小把样本分为高低两组，然

后对这两组样本分别检验 X 和 Y 之间的关系,得到公式(5-5)和公式(5-6):

$$Y = \beta_0 + \beta_1 X + \varepsilon \qquad (5\text{-}5)$$

$$Y = \beta_0 + \beta_1' X + \varepsilon \qquad (5\text{-}6)$$

如果两个回归系数 β_1 和 β_1' 存在显著差异,则表明存在调节效应。在这种方法中,不需要调节效应 M 进入回归方程。具体的检验中,可以使用线性回归,也可以使用结构方程模型。

使用线性回归模型来检验公式(5-5)和公式(5-6)是否存在显著差异,仍然是把潜变量当做显变量来看待,无法解决测量误差问题。该方法只能从整体上检验两个方程是否存在显著差异,遇到多元回归模型时,无法区分调节变量是针对哪个自变量具有调节效应。这种方法还容易导致第二类错误的出现。

若使用结构方程模型,则是通过增加强制约束的方法来检验自变量 X 和因变量 Y 之间的关系强度 β_1 和 β_1' 是否存在显著差异。尽管结构方程模型可以解决潜变量的测量误差问题,但是仍然存在以下缺陷:①人为地把连续潜变量当做是离散变量来看待,这样会造成数据的浪费,因为连续变量具有更大的信息量;②对数据样本要求比较高,结构方程模型一般要求样本至少为200个,如果分组的话,就需要样本量至少为400个;③容易犯第二类错误。

3. 非线性结构方程模型

为了解决以上方法在检验潜变量调节效应方面的不足,一些学者开始尝试通过在结构方程模型中引入乘积项的方式来检验潜变量的调节效应。其中核心的问题是如何通过引入乘积项以及如何设定乘积项的载荷和误差。Judd 和 Kenny(1981)最早提出了在结构方程模型中引入乘积项来检验潜变量调节效应的方法。在乘积项的构建方面，他们认为可以通过自变量与调节变量的测量指标之间两两相乘来构建乘积项（一个新的潜变量）。例如，自变量 X 由两个指标 x_1 和 x_2 来测量，调节变量 M 也由两个指标 m_1 和 m_2 来测量，那么乘积项 XM 则由四个指标 x_1m、x_1m_2、x_2m_1、x_2m_2 来测量。由于乘积项 XM 的测量指标是 X 的指标与 M 的指标两两相乘得到的，所以在模型的设定中包含了大量非线性约束，这种方法也被称为非线性结构方程模型（Nonlinear SEM）。

但是这种方法同样明显存在不足，乘积项的测量指标会随着 X 和 M 指标的增加而迅速增加，随着带来的是模型待估参数的迅速增加，这不但要求数据样本量增加，而且还降低了模型的可识别性。另外，这种方法需要大量的非线性约束设定，对于非统计专业的研究人员具有一定的挑战，这也很大程度地限制了该方法的广泛使用。尽管如此，Judd 和 Kenny（1981）的研究作为一个开创性的研究，仍然为结构方程模型检验潜变量的调节效应起到了重要的推动作用。在此之后，很多学者在他们的基础上提出了一系列的改进模型[温忠麟等（2004）对此进行了较为详细的描述]，但遗憾的是都没有从根本上解决上述不足。

4. 两步法结构方程模型分析

尽管已经有学者开始尝试通过两步法结构方程模型来检验潜变量之间的交互效应，但是在模型的设定方面非常复杂，这在很大程度上制约了许多非统计专业的学者采用这种方法。另外，这种方法在乘积项的构建上比较复杂，乘积项也会随着潜变量的测量指标的增加而迅速增加，这样会增加模型的自由度和复杂程度，容易造成模型不收敛。为了解决这些问题，Ping（1995）提出了一种简化的方法。在乘积项的构建上，他指出，自变量 X 和调节变量 M 的各项指标得分的均值相乘可以得到一个单指标的乘积项，就是乘积项 XM 由单个指标 $(x_1+x_2)/2 \times (m_1+m_2)/2$ 来测量。他认为只要自变量 X 和调节变量 M 具有很好的单一维度性（unidimensional），这种单指标的乘积项同样可以被用到两步法结构方程模型中来检验潜变量的调节效应。这种方法具有以下优点：①两步法结构方程模型同时估计测量模型和结构模型，允许潜变量存在测量误差；②模型的复杂程度（待估参数的多少）不会因为加入乘积项而大幅提高，因此对样本的要求相对较低，模型可识别性高；③模型的设定简单，便于非统计专业的研究人员的广泛使用（图5-3）。

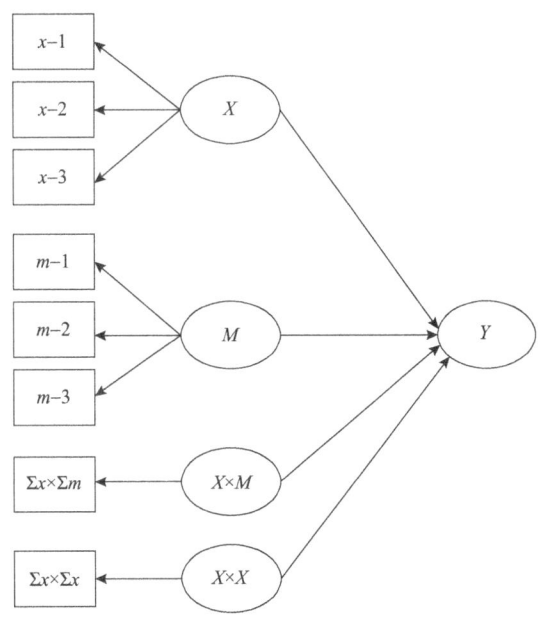

图 5-3　两步法分析潜变量的交互效应

在两步法结构方程模型中，单指标的载荷和误差无法通过软件来估计，必须通过人为设定。关于乘积项 XM 的载荷和误差的设定，一般存在以下两种方法。

（1）单指标的载荷可以被设定成信度的平方根，乘积项的信度可以通过以下公式得到：

$$\rho_{XM} = \frac{r_{XM}^2 + \rho_X \rho_M}{1 + r_{XM}^2} \qquad (5\text{-}7)$$

其中，ρ_{XM} 是乘积项的信度，而 r_{XM} 是自变量 X 和调节变量 M 之间的相关系数，ρ_X 和 ρ_M 分别是自变量 X 和调节变量 M 的信度。得到乘积项的信度后，则乘积项的载荷可以被设定为 $\sqrt{\rho_{XM}}$，而误差则可以被设定为 $(1-\rho_{XM})$。

（2）Ping（1995）在研究中提出了两步分析法，首先构建测量模型，得到各潜变量指标的载荷与误差，从而计算出乘积项载荷的误差。具体的计算公式如下：

$$\lambda_{XM} = \varGamma_X \varGamma_Y \qquad (5\text{-}8)$$

$$\theta_{XM} = \varGamma_X^2 \text{Var}(X)\theta_M + \varGamma_M^2 \text{Var}(M)\theta_X + \theta_X \theta_M \qquad (5\text{-}9)$$

其中，λ_{XM} 是乘积项 XM 的载荷，θ_{XM} 是乘积项 XM 的误差项。$\text{Var}(X)$ 和 $\text{Var}(M)$ 分别是潜变量 X 和 M 的方差。其中，$\varGamma_x = \sum_i^n \lambda_{xi}/n$，$\theta_x = \sum_i^n \lambda_{xi}/n^2$，$\varGamma_M = \sum_i^k \lambda_{xi}/k$，$\theta_M = \sum_i^k \lambda_{xi}/k^2$，$n$ 和 k 分别是自变量 X 和调节变量 M 的指标数。

基于以上对几种调节效应的检验方法对比，表5-2对上述方法进行了适用范围以及优缺点的总结。从中不难看出，两步法结构方程模型可以把潜变量的测量误差体现在模型中，并且模型的相关设定比较简单，便于操作，但是该方法对变量的测量信度和效度要求较高。通过前面的信度和效度检验，本书的变量信度和效度都较高，满足两步法结构方程模型的要求。因此，本书选定两步法结构方程模型来作为调节效应的检验方法。

表 5-2　各种潜变量调节效应检验方法对比

方法	变量类型	对样本要求	优点	缺陷
层次回归分析	连续变量	对样本量没有严格要求，满足回归需求即可	方法简单，使用方便，是最流行的做法之一	本质上是把潜变量当做连续变量来看，忽略了潜变量的测量误差
分组对比分析	调节变量是类别变量	对样本量要求较大。如分组进行结构方程分析，则每组样本量至少为200个	方法较为简单，操作方便，可以直观地看出不同组中自变量与因变量之间的关系强度大小	把潜变量这样的连续变量分为高低两组，是对数据的浪费
非线性结构方程模型	潜变量	对样本量要求较高，至少为200个	可以估计潜变量的测量误差	模型设定较为复杂，对使用者的统计知识要求较高。模型会随着调节变量和自变量的指标数的增加而变得复杂，模型不易收敛
两步法结构方程模型分析	潜变量	对样本量要求较高，至少为200个	可以估计潜变量的测量误差，模型设定简单，便于使用。模型不会随着调节变量和自变量的指标数的增加而变得复杂，模型收敛性较好	对潜变量的测量效度和信度要求较高

5. 二次效应的检验方法

与潜变量的调节效应相比，关于二次效应的检验方法的研究比较少。Judd 和 Kenny（1981）在开始研究时，就经常把潜变量的二次效应和潜变量的调节效应放在一起研究，因为它们都属于非线性效应，而且作为多项式效应的特例，可以统一在多项式效应的研究之中。类似于调节效应，现有研究通常也是使用层次回归分析方法来对二次效应进行检验的。

变量间的二次效应通常包括二次方关系，前者如两个变量间的倒 U 形关系，后者是指在两个变量的因果关系链中，其他变量可能存在的调节作用，二次效应反映了变量之间的非线性关系。

由于二次方关系与交互效应实际上都属于变量间二次效应所讨论的范畴,因此在分析方法上,对这类问题的处理也是类似的。当变量(X_1、X_2)均为可观测变量时,统计理论中关于二次效应的分析方法是比较成熟的。交互效应则可以通过方差分析进行(对于类别变量),也可以通过回归方法进行(对于连续变量),通过在回归方程中引入交互项(X_1X_2),即采用以下形式的方程进行OLS回归分析:

$$Y = \beta_0 + \beta_1 X_1 + \beta_2 X_2 + \beta_3 X_1 X_2 + e \quad (5\text{-}10)$$

其中,X_1、X_2为一阶效应项,X_1X_2为交互效应项,如果假设$H_0: \beta_3 = 0$成立,则认为变量X_1、X_2之间不存在交互效应。

当X_1、X_2相等时,则上述回归方程变为

$$Y = \beta_0 + \beta_1 X_1 + \beta_2 X_1^2 + e \quad (5\text{-}11)$$

不难看出,这一方程验证的则是变量X_1和Y之间的二次方关系。

解决包含多个指标的潜变量之间的二次效应问题,主要有以下几种方法。

(1)将潜变量当做显变量来处理。通常的做法是,将若干个观测变量(题项)的平均值作为潜变量的唯一观测值。

(2)对潜变量所对应的观测变量做因子分析,用因子得分作为潜变量的唯一观测值,然后采用回归方法进行分析。这种方法简单方便,但它在本质上属于两步估计法。

(3)两步法结构方程模型。本书在上述使用两步法结构方程模型检验调节效应的基础之上,参照 Ping(1995,1996)研究中的二次效应检验的研究建议,使用两步法结构方程模型检验二次效应。

第三节 结构方程模型分析

根据本书的概念模型图（图 2-1），得到本书的理论模型图，如图 5-4 所示。潜变量以椭圆形来表示，观测变量使用矩形来表示。

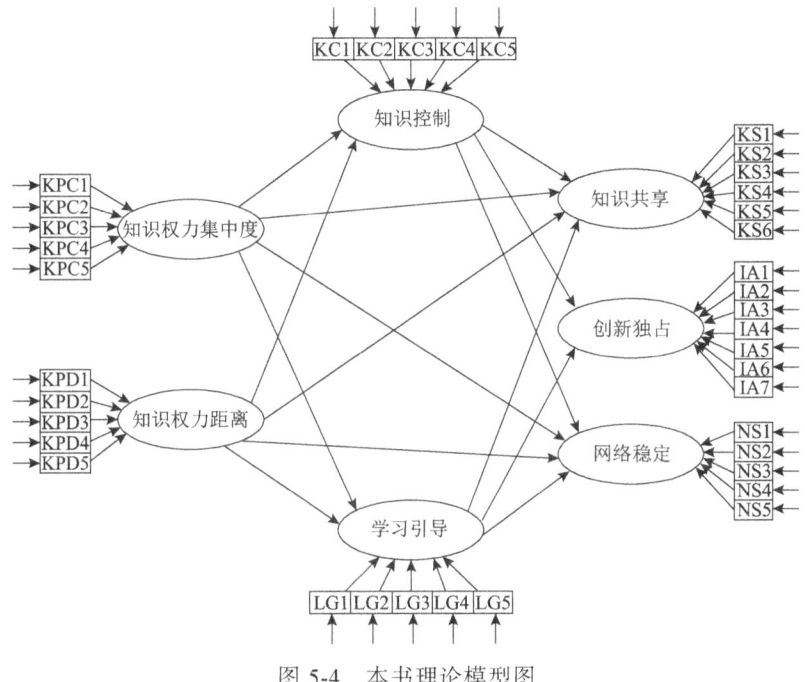

图 5-4 本书理论模型图

根据以上分析，本书构建了创新网络中知识权力分布对网络治理方式选择以及对网络治理绩效影响的理论模型图。接下来，使用结构方程模型分析软件 AMOS 7.0 对整体模型的拟合度进行分析，相应拟合指标及其数值见表 5-3。

表 5-3 模型拟合度分析结果

绝对拟合指数						相对拟合指数			
χ^2	GFI	df	AGFI	χ^2/df	RMSEA	CFI	NFI	NNFI	IFI
744.28	0.91	546	0.93	1.36	0.057	0.96	0.92	0.95	0.93

各项拟合指标均达到可接受水平，说明整体模型的拟合度符合要求，适合做结构方程模型分析。

一、直接效应检验

对测量模型和整体结构方程模型的检验表明，本书提出的理论模型是可靠的。通过分析相关因素之间的路径系数，可以进一步检验本书提出的知识权力分布对网络治理方式选择以及对网络治理绩效影响的理论模型，以及各个变量之间的关系（图5-5）。

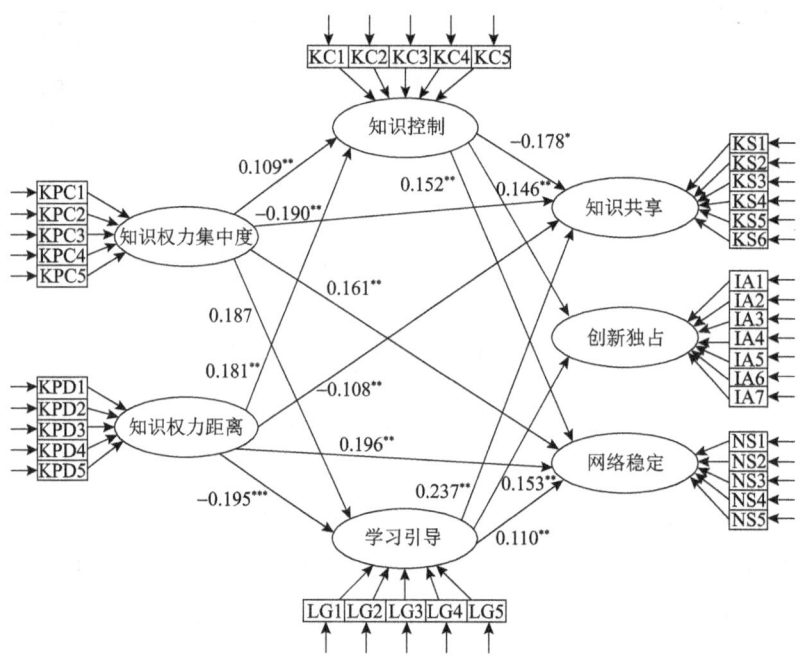

图5-5　直接效应结构方程模型分析结果图

对于结构方程模型的路径分析可以采用标准化路径系数或者非标准化路径系数，这需要根据研究的特点来决定。本书参考现有大量研究，采用标准化路径系数来分析变量之间的关系。关于标准化路径系数大小，一般认为，标准化路径系数的绝对值小于0.10 算是效果较差，绝对值在 0.30 左右算是效果中等，绝对值在0.50 以上，算是效果较好。结构方程模型的直接效应的标准化路径系数及 T 值如表 5-4 所示。

表 5-4 直接效应的标准化路径系数及 T 值

路径	标准化路径系数	T 值	p 值
知识权力集中度→知识控制	0.109**	5.31	0.001**
知识权力集中度→学习引导	0.187	4.89	0.011
知识权力距离→知识控制	0.181**	−3.61	0.000**
知识权力距离→学习引导	−0.195***	5.14	0.000**
知识控制→知识共享	−0.178*	6.04	0.000*
知识控制→创新独占	0.146**	5.38	0.000**
知识控制→网络稳定	0.152**	−2.46	0.008**
学习引导→知识共享	0.237**	5.54	0.000***
学习引导→创新独占	0.153**	5.22	0.000**
学习引导→网络稳定	0.110**	3.89	0.002**
知识权力集中度→知识共享	−0.190**	4.67	0.000**
知识权力集中度→网络稳定	0.161**	−2.12	0.000**
知识权力距离→知识共享	−0.108**	4.88	0.000**
知识权力距离→网络稳定	0.196**	5.82	0.000**

*为显著性水平 $p<0.05$，**为 $p<0.01$，***为 $p<0.001$，余同

结果显示，在直接效应检验的结构方程模型中，各标准化路径系数的绝对值都大于 0.10，说明标准化路径系数不属于较小的范围，且都通过了 T 检验，而且这些变量之间存在着较为显著的相关关系。

在知识权力分布对网络治理方式选择的影响方面，实证检验结果表明，知识权力集中度与知识控制之间的正向关系得到验证，假设 H1 通过检验；但是，知识权力集中度与学习引导的路径系数为 0.187，显著性通过了检验，说明假设 H2 被拒绝，也就是说，

知识权力集中度与学习引导之间不存在负向关系。知识权力距离与知识控制和学习引导之间的路径系数分别为 0.181 和 –0.195，显著性通过检验，假设 H3 和 H4 得到验证。

在不同网络治理方式对网络治理绩效的影响方面，实证检验结果表明，知识控制和学习引导与知识共享之间的路径系数分别为 –0.178 和 0.237，显著性通过了检验，假设 H5 和 H6 通过验证；学习引导与创新独占之间的正向关系得到了验证，假设 H10 通过检验；学习引导与网络稳定之间的路径系数为 0.110，显著性通过了检验，假设 H14 得到验证。

在知识权力分别对网络治理绩效的直接效应方面，实证检验结果表明，知识权力集中度与知识共享之间的负向相关关系得到验证，假设 H17 通过了检验；知识权力距离与知识共享和网络稳定之间的路径系数分别为 –0.108 和 0.196，显著性通过了检验，假设 H21 和 H23 得到验证。

二、二次效应检验

在上文中，本书使用结构方程模型方法对本书所构建的概念模型的直接效应进行检验，接下来，本书对模型的二次效应以及调节效应进行检验。

1. 二次效应的检验

按照 Ping（1995）的建议，首先各个变量的信度都要比较好，alpha 系数为 0.7769~0.8990。知识权力集中度和知识控制的 alpha 系数分别为 0.8947 和 0.7995，信度较好，可以使用结构方程模型进行检验。为了降低二次项的多重共线性问题，在数据处理之前首先对潜变量做了中心化处理。

根据公式（5-8）和公式（5-9），计算得到知识权力集中度平方项和知识控制平方项的载荷和误差。

$$\Gamma_{\mathrm{KPC}} = (0.76 + 0.86 + 0.78 + 0.69 + 0.59)/5 = 0.736$$

$$\theta_{\mathrm{KPC}} = (0.43 + 0.54 + 0.26 + 0.37 + 0.44)/5 = 0.408$$

$$\Gamma_{\mathrm{KC}} = (0.86 + 0.82 + 0.83 + 0.79)/4 = 0.825$$

$$\theta_{\mathrm{KC}} = (0.25 + 0.28 + 0.34 + 0.31)/4 = 0.295$$

$$\lambda_{\mathrm{KPC}^2} = \Gamma_{\mathrm{KPC}} \times \Gamma_{\mathrm{KPC}} = 0.736 \times 0.736 = 0.5417$$

$$\theta_{\mathrm{KPC}^2} = \theta_{\mathrm{KPC}} \times \theta_{\mathrm{KPC}} = 0.408 \times 0.408 = 0.1665$$

$$\lambda_{\mathrm{KC}^2} = 0.6806$$

$$\theta_{\mathrm{KC}^2} = 0.0870$$

本书所构建的二次项是一个单指标变量，在结构方程模型中无法同时估计因子与指标的关系（即因子载荷）和指标的标准方差。在这种情况下，需要对指标的载荷和误差进行人为设定，根据之前的计算，将知识权力集中度平方项的载荷和误差人为设定为 0.5417 和 0.1665，将知识控制平方项的载荷和误差人为设定为 0.6806 和 0.0870。

接下来，本书构建了含有知识权力集中度平方项和知识控制平方项的结构方程模型，在模型的整体拟合方面（表5-5），各项拟合指标均达到可接受水平，说明整体模型的拟合度符合要求，适合做结构方程模型分析。

表 5-5　二次效应的模型拟合度分析结果

	绝对拟合指数						相对拟合指数			
χ^2	GFI	df	AGFI	χ^2/df	RMSEA		CFI	NFI	NNFI	IFI
863.43	0.93	614	0.92	1.41	0.058		0.97	0.91	0.95	0.91

图 5-6 为二次效应结构方程模型分析结果。

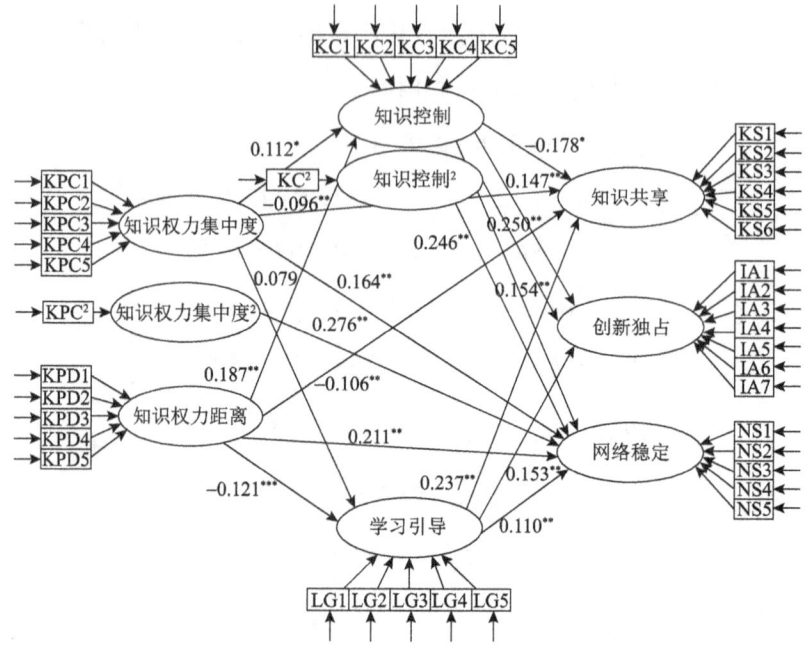

图 5-6 二次效应结构方程模型分析结果图

根据上述分析，结构方程模型的二次效应的标准化路径系数及 T 值如表 5-6 所示。

表 5-6 二次效应的标准化路径系数及 T 值

路径	标准化路径系数	T 值	p 值
知识权力集中度→知识控制	0.112**	5.34	0.000**
知识权力集中度→学习引导	0.079	5.60	0.009
知识权力距离→知识控制	0.187**	−3.01	0.000**
知识权力距离→学习引导	−0.121***	5.22	0.000***
知识控制→知识共享	−0.178*	5.98	0.000**
知识控制→创新独占	0.147**	5.42	0.003**
知识控制²→创新独占	0.250**	5.11	0.000**
知识控制→网络稳定	0.154**	−2.39	0.000**
知识控制²→网络稳定	0.246**	3.66	0.000**
学习引导→知识共享	0.237**	5.51	0.000***

第五章　实证研究结果与分析

续表

路径	标准化路径系数	T 值	p 值
学习引导→创新独占	0.153**	5.22	0.000**
学习引导→网络稳定	0.110**	3.93	0.002**
知识权力集中度→知识共享	−0.096**	4.68	0.000**
知识权力集中度→网络稳定	0.164**	−2.63	0.001**
知识权力集中度²→网络稳定	0.276**	5.26	0.000**
知识权力距离→知识共享	−0.106**	4.68	0.000**
知识权力距离→网络稳定	0.211**	5.87	0.000***

*为显著性水平 $p<0.05$，**为 $p<0.01$，***为 $p<0.001$，余同

结构方程模型分析结果显示，知识控制对创新独占和网络稳定的路径系数分别为 0.147 和 0.154，而知识控制的平方对创新独占和网络稳定的路径系数分别为 0.250 和 0.246，都通过了显著性检验；知识权力集中度对网络稳定的路径系数为 0.164，而知识权力集中度的平方对网络稳定的路径系数为 0.276，通过了显著性检验。按照 Ping（1996）的研究结果，可以认为知识控制与创新独占和网络稳定的倒 U 形关系以及知识权力集中度与网络稳定的倒 U 形关系都是成立的，假设 H9、H13 以及 H19 得到了验证。

2. 调节效应的检验

同样，本书也是按照 Ping（1995）的建议，使用两步法结构方程模型对组织间信任的调节效应进行检验。首先各个变量的信度都要比较好，alpha 系数为 0.7769~0.8990，可以使用结构方程模型进行检验。为了降低二次项的多重共线性问题，在数据处理之前首先对潜变量做了中心化处理。

根据公式（6-8）和公式（6-9），计算得到各交互项的载荷和误差，如表 5-7 所示。

表 5-7　调节效应交互项的载荷和误差

交互项	知识权力集中度×组织间信任（KPC×IT）	知识权力距离×组织间信任（KPD×IT）	知识控制×组织间信任（KC×IT）	学习引导×组织间信任（LG×IT）
载荷	0.4740	0.4598	0.5313	0.4830
误差	0.1697	0.1914	0.1227	0.1844

本书所构建的交互项是一个单指标变量，在结构方程模型中无法同时估计因子与指标的关系（即因子载荷）和指标的标准方差。在这种情况下，本书根据表 5-7 的计算结果对指标的载荷和误差进行人为设定。

接下来，本书构建了含有交互项的结构方程模型，在模型的整体拟合方面（表 5-8），各项拟合指标均达到可接受水平，说明整体模型的拟合度符合要求，适合做结构方程模型分析。

表 5-8　调节效应的模型拟合度分析结果

	绝对拟合指数					相对拟合指数			
χ^2	GFI	df	AGFI	χ^2/df	RMSEA	CFI	NFI	NNFI	IFI
986.77	0.92	682	0.90	1.45	0.058	0.96	0.93	0.96	0.94

图 5-7 为调节效应的结构方程模型分析结果。

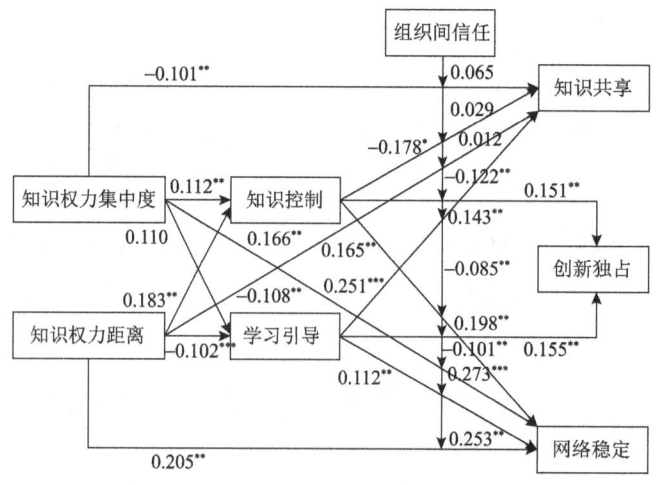

图 5-7　调节效应的结构方程模型分析结果图

结构方程模型的主要标准化路径系数及 T 值如表 5-9 所示。

表 5-9 调节效应的标准化路径系数及 T 值

路径	标准化路径系数	T 值	p 值
知识权力集中度→知识控制	0.112**	5.26	0.001**
知识权力集中度→学习引导	0.110	4.53	0.016
知识权力距离→知识控制	0.183**	-3.63	0.000**
知识权力距离→学习引导	-0.102***	5.21	0.000**
知识控制→知识共享	-0.178*	5.98	0.003*
知识控制→创新独占	0.151**	5.44	0.000**
知识控制→网络稳定	0.165**	-1.88	0.002**
学习引导→知识共享	0.251***	5.68	0.000***
学习引导→创新独占	0.155**	5.26	0.000**
学习引导→网络稳定	0.112**	3.93	0.001**
知识权力集中度→知识共享	-0.101**	4.88	0.000**
知识权力集中度→网络稳定	0.166**	-3.06	0.000**
知识权力距离→知识共享	-0.108**	4.88	0.000**
知识权力距离→网络稳定	0.205**	5.79	0.000**
组织间信任×知识控制→知识共享	0.029	1.65	0.231
组织间信任×学习引导→知识共享	0.143**	6.40	0.000**
组织间信任×知识控制→创新独占	-0.122**	4.67	0.000**
组织间信任×学习引导→创新独占	0.198**	5.43	0.002**
组织间信任×知识控制→网络稳定	-0.085**	-3.52	0.000**
组织间信任×学习引导→网络稳定	0.273***	6.79	0.000***
组织间信任×知识权力集中度→知识共享	0.065	2.21	0.118
组织间信任×知识权力集中度→网络稳定	-0.101**	-2.97	0.001**
组织间信任×知识权力距离→知识共享	0.012	0.99	0.281
组织间信任×知识权力距离→网络稳定	0.253**	6.12	0.000**

*为显著性水平 $p<0.05$，**为 $p<0.01$，***为 $p<0.001$，余同

结构方程模型分析结果显示，在知识控制与知识共享之间、

知识权力集中度与知识共享之间以及知识权力距离与知识共享之间的组织间信任调节效应显著性检验没有通过，说明组织间信任在这三组变量之间的调节作用不能用现有数据进行良好的解释，而需要对这个问题进行进一步的探索。假设 H7、H18 和 H22 没有通过验证，组织间信任作为调节变量的其他研究假设（H8、H11、H12、H15、H16、H20、H24）得到了检验。

第四节 假设验证结果

本书假设验证情况如表 5-10 所示。研究提出的 24 条假设中，有 20 条假设得到了支持，其余 4 条假设没有得到支持。

表 5-10 假设验证结果

假设	理论关系	结果
H1	创新网络知识权力集中度与知识控制正相关	通过
H2	创新网络知识权力集中度与学习引导负相关	不通过
H3	创新网络知识权力距离与知识控制正相关	通过
H4	创新网络知识权力距离与学习引导负相关	通过
H5	创新网络知识控制与网络知识共享负相关	通过
H6	创新网络学习引导与网络知识共享正相关	通过
H7	信任显著降低知识控制与知识共享之间的负相关关系	不显著
H8	信任显著增强学习引导与知识共享之间的正相关关系	通过
H9	创新网络知识控制与创新独占呈倒 U 形关系	通过
H10	创新网络学习引导与网络中创新独占正相关	通过
H11	信任显著降低知识控制对创新独占的不利影响	通过
H12	信任显著增强学习引导与创新独占的正相关关系	通过
H13	创新网络知识控制与网络稳定呈倒 U 形关系	通过
H14	创新网络学习引导与网络稳定正相关	通过
H15	信任显著降低知识控制对网络稳定的不利影响	通过

第五章　实证研究结果与分析

续表

假设	理论关系	结果
H16	信任显著强化学习引导与网络稳定之间的正相关关系	通过
H17	创新网络知识权力集中度与知识共享负相关	通过
H18	信任显著降低知识权力集中度与知识共享之间的负相关关系	不显著
H19	创新网络知识权力集中度与网络稳定呈倒U形关系	通过
H20	信任显著降低知识权力集中度对网络稳定的不利影响	通过
H21	创新网络知识权力距离与知识共享负相关	通过
H22	信任显著降低知识权力距离与知识共享之间的负相关关系	不显著
H23	创新网络知识权力距离与网络稳定正相关	通过
H24	信任显著强化知识权力距离与网络稳定的正向关系	通过

第五节　结果讨论

一、知识权力分布对网络治理中权力运用方式的影响

知识权力在网络中的分布决定着网络治理中的权力作用方式，检验结果表明，假设H1获得支持，即在创新网络中，权力越集中于核心企业，则该核心企业会更多地采取知识控制的治理方式。而假设H2没有通过，即检验结果不能证明知识权力集中度与学习引导负相关。本书认为，这恰恰说明，核心企业在选择运用何种知识权力手段进行网络治理时，首先考虑的是自身在网络中的知识权力地位。若其自身在创新网络中处于绝对优势的知识权力位置，则其对知识权力作用方式的选择会更多依据自身意愿做出判断。此时，虽然核心企业会更多选择知识控制的治理方式，但其也有可能采用学习引导的治理方式。其中原因可能在于，核心企业有可能认为，同时采用多重治理手段的网络治理效果可能更好，完全可以凭借自己的知识权力地位，一方面积极进行知

识控制，另一方面也可能在网络中积极开展学习引导，以使网络治理取得最大的预期效果。

假设 H3、H4 均获得支持，说明网络知识权力距离越大，即网络成员对于网络知识权力配置接受程度越高，则核心企业越倾向于采取知识控制的治理方式。反之，知识权力距离越小，即网络成员对网络权力配置接受程度越低，则核心企业越倾向于通过学习引导的方式进行治理。

由此可见，在创新网络治理中，核心企业对网络治理方式的选择受到知识权力集中度和知识权力距离的影响，只要知识权力集中度高，核心企业便会偏向于采取更多的控制式的强制治理方式。而若知识权力距离比较小，则核心企业会偏向于采取引导式的柔性治理方式。这说明当核心企业认为自己拥有足够多的知识权力时，其不太会采取学习引导这种柔性的网络治理方式，只有当核心企业认为自身权力不足以对网络成员施加强制要求时，才会转而采取柔性治理方式以达到自身目的。

二、知识权力运用方式对治理目标的影响

假设 H5 通过检验，说明知识控制这类强制性治理方式对网络知识共享产生消极影响。而假设 H7 没有获得支持，即没有证明信任会降低创新网络中知识控制对于知识共享的消极影响。本书认为，这主要的原因可能是，知识控制毕竟属于强制式治理方式，权力的运用带有命令、威胁的性质，这本身就会破坏网络中的合作关系，降低信任度。另外，即使信任度比较高，在强制性治理方式下网络成员也只是被动地服从知识权力较大的一方，不会由于信任程度高而明显提升共享意愿。

假设 H6、H8 均通过检验，说明核心企业可以通过学习引导这类治理方式促进网络内的知识共享，而且网络内的信任度越高，

第五章 实证研究结果与分析

学习引导这类柔性治理方式对于知识共享的积极影响更为显著。说明在这种情况下其他网络成员基于对核心企业的信任，对其行为示范的追随度比较高，分享彼此知识资源的意愿会更高。

假设H9、H11均获得支持，说明适度的知识控制会使网络成员感受到核心企业的有力领导，从而对于创新成果分配的合理性及公平性都有较高的接受意愿。但若过度使用知识控制，则会引发网络成员的担心，从而降低创新成果分配的合理性及公平性评价。此时，若网络成员彼此间信任度较高，则可适度缓解其他成员对于核心企业频繁使用知识控制的担忧。但必须指出的是，即使信任度较高，过度的知识控制仍然会对创新独占产生一定的不利影响。

假设H10、H12均获得支持，说明在创新网络中，核心企业采取柔性的学习引导行为会使成员对创新成果分配的公平感增强。而且信任度越高，这种公平感知越强烈。可见，在创新网络中，要想提升网络成员的公平感知，核心企业就必须首先树立非常积极的榜样。

假设H13、H15均获得支持，说明创新网络中适度的知识控制必不可少，它会有利于维系网络合作的稳定。但是，过度使用知识控制这类强制治理方式会引起成员不满，会使其他成员认为自身利益受损，从而损害网络的稳定性。而若在信任度高的情况下，则可适度缓解其他网络成员对于知识控制这类强制治理方式的不满。

假设H14、H16均获得支持，说明学习引导这类柔性治理方式始终会对网络合作关系的稳定产生积极影响。而且，信任度越高，这种积极作用越突出。可见，学习引导这类柔性治理方式对网络关系始终是有益的，而且会进一步促进网络的稳定性。

三、知识权力分布对知识共享及网络稳定的影响

假设 H17 获得支持,即适度的权力分散会促进网络内的知识共享,网络知识权力越集中,网络层级越明显,权力过于集中会引起其他成员的警惕,网络成员可能会觉得自身没有从网络合作中获取足够的知识资源,从而造成了核心企业独大的局面。此时,网络成员在知识共享上便会趋向于保守。而假设 H18 没有通过,即不能证明信任会显著降低知识权力过度集中对知识共享的不利影响。本书认为,这可能主要是,知识权力的过度集中会使网络其他成员产生两种可能的判断:一是由于核心企业知识权力很大,非核心成员认为其知识共享行为不一定能够得到适当的回报;二是非核心成员也可能会认为既然核心企业知识资源优势明显,其他人只需要遵循领导而无须过多地分享自身拥有的知识也同样可以实现合作目标,从而导致知识共享意愿不高。所以,在知识权力高度集中的情况下,信任度即使较高,也不会明显提升知识共享意愿,因而知识绩效不高。

假设 H19、H20 均获得支持,说明知识权力在网络内的适度集中对于维持稳定的网络合作关系是必要的。但若知识权力过度集中,则核心企业往往在网络治理中单方面行动,不注意和其他非核心成员的交流与沟通,因而必然对合作关系造成损害。但是,网络内若彼此间信任度比较高,则会减少其他成员对核心企业的猜疑,从而降低核心企业单方面行动可能会对合作关系造成的损害。

假设 H21 获得支持,说明创新网络知识权力距离越大,越不利于网络知识共享,因为在权力距离大的网络中,非核心成员不会积极主动与核心成员进行交流。假设 H22 没有获得支持,本书认为,这主要是由于在权力距离大的网络内,网络成员对于权力比较敬畏。在这种情况下,即使信任度高,也不会明显提升非核

心成员与网络核心企业的交流频率,因而无法降低权力距离本身对于网络成员间知识共享的不利影响。

假设 H23、H24 均获得支持,说明权力距离越大,网络成员对于知识权力在网络内的分配接受意愿越高,必然越有利于创新网络稳定。而信任度越高,这种接受意愿也会越高,从而会使得网络合作关系越发紧密,彼此合作更能持久稳定地发展下去。

参考文献

丁孝莉, 戴昌钧. 2011. 组织权力分类及其属性研究[J]. 中外企业家, (18): 6-7.

窦红宾, 王正斌. 2011. 以协调机制为中介的网络位置对企业学习效果影响研究[J]. 科技管理研究, 31(19): 117-123.

高洁. 2007. 企业技术创新网络的形成、结构及其治理研究[D]. 中国科学技术大学博士学位论文.

高洁, 糜仲春, 魏久檗. 2007. 企业技术创新网络治理机制研究[J]. 科技进步与对策, 24(9): 133-136.

黄玮强, 庄新田, 姚爽. 2009. 企业创新网络的自组织演化模型[J]. 科学学研究, 27(5): 793-800.

姜翰, 高莉芳, 金占明. 2009. 成员企业权力结构对联盟中控制权不对称分布影响的研究[J]. 管理学报, 6(4): 482-488.

景秀艳. 2007. 网络权力及其影响下的企业空间行为研究[D]. 华东师范大学博士学位论文.

梁家强, 万迪昉. 2008. 战略联盟不稳定性的理论基础及评析[J]. 现代管理科学, (4): 18-19.

廖建桥, 赵君, 张永军. 2010. 权力距离对中国领导行为的影响研究[J]. 管理学报, 7(7): 988-992.

刘军. 2004. 社会网络分析导论[M]. 北京: 社会科学文献出版社.

刘文彬, 唐杰. 2009. 网络组织内权力的来源与变迁初探[J]. 电子科技大学学报(社会科学版), 11(5): 9-12.

米歇尔·福柯. 2007. 规训与惩罚: 监狱的诞生[M]. 刘北成, 杨远婴译. 北京: 生活·读书·新知三联书店.

任志安. 2006. 企业知识共享网络理论及其治理研究[D]. 西南交通大学博士学位论文.

任志安. 2008. 企业知识共享网络理论及其治理研究[M]. 北京: 中国社会科学出版社.

史会斌, 李垣. 2008. 基于资源保护和利用的联盟治理机制动态选择研究[J]. 科学学与科学技术管理, 29(2): 161-167.

托夫勒. 1991. 权力的转移[M]. 刘江, 陈方明, 张毅军, 等译. 北京: 中共中央党校出版社.

王建军, 王正斌. 2007. 基于信任和不确定性的组织间合作——一个文献综述[J]. 西安邮电学院学报, 11(6): 75-78.

王岚. 2009. 核心企业成长战略实施与集群网络构建[J]. 科技管理研究, (6): 352-353.

魏江. 2003. 产业集群: 创新系统与技术学习[M]. 北京: 科学出版社.

温忠麟, 张雷, 侯杰泰, 等. 2004. 中介效应检验程序及其应用[J]. 心理学报, 36(5): 614-620.

翁莉, 仲伟俊, 鲁芳. 2009. 供应链企业间知识共享的动因研究[J]. 科学学与科学技术管理, 30(2): 91-95.

杨慧. 2006. 产业集群治理分析框架初探[J]. 科学学与科学技术管理, 27(5): 102-104.

杨燕, 高山行. 2012. 联盟稳定性、伙伴知识保护与中心企业的知识获取[J]. 科研管理, 33(8): 80-89.

姚国宏. 2008. 权力知识论[D]. 南京师范大学博士学位论文.

张不同, 陈廷斌. 2003. 知识供应链的智能集成技术与方法研究[J]. 管理科学, 16(6): 51-56.

张首魁, 党兴华, 李莉. 2006. 松散耦合系统: 技术创新网络组织结构研究[J]. 中国软科学, (9): 122-129.

张云逸. 2009. 基于技术权力的地方企业网络演化研究[D]. 华东师范大学博士学位论文.

赵晓飞, 李崇光. 2008. 农产品供应链联盟的利益分配模型与策略研究[J]. 软科学, 22(5): 90-94.

Abolhasanpou M, Seyed E M M, Kimiagari M A, et al. 2011. Power, cooperation, trust and commitment in supplier-buyer relationships[J]. Journal of American Science, 7(8): 820-826.

Agrawal A, Cockburn I. 2003. The anchor tenant hypothesis: exploring the role of large, local, R&D-intensive firms in regional innovation systems[J]. International Journal of Industrial Organization, 21(9): 1227-1253.

Ahuja G. 2000. Collaboration networks, structural holes, and innovation: a longitudinal study[J]. Administrative Science Quarterly, 45(3): 425-455.

Albers S. 2010. Configurations of alliance governance systems[J]. Schmalenbach Business Review, 62(3): 204-233.

Amabile T M, Gryskiewicz N D. 1989. The creative environment scales: work environment inventory[J]. Creativity Research Journal, 2(4): 231-253.

Andersen P H, Christensen P R. 2005. Bridges over troubled waters: suppliers as connective nodes in global supply networks[J]. Journal of Business Research, 58(9): 1261-1273.

Anderson E W, Weitz B A. 1992. The use of pledges to build and sustain commitment in distribution channels[J]. Journal of Marketing Research, 29(1): 18-34.

Baker W E, Faulkner R R, Fisher G A. 1998. Hazards of the market: the continuity and dissolution of interorganizational market relationships[J]. American Sociological Review, 63(2): 147-177.

Baron R M, Kenny D A. 1986. The moderator-mediator variable distinction in social psychological research: conceptual, strategic, and statistical considerations[J]. Journal of Personality and Social Psychology, 51(6): 1173-1182.

Bathelt H, Taylor M. 2002. Clusters, power and place: inequality and local growth in time-space[J]. Geografiska Annaler: Series B, Human Geography, 84(2): 93-109.

Begley T M, Lee C, Fang Y, et al. 2002. Power distance as a moderator of the relationship between justice and employee outcomes in a sample of Chinese employees[J]. Journal of Managerial Psychology, 17(8): 692-711.

Bazyar A, Teimoury E, Fesharaki M, et al. 2013. Linking power, risk, and governance: A survey research in new product development relationships[J]. Journal of Business & Industrial Marketing, 28(5): 371-382.

Belaya V, Gagalyuk T, Hanf J. 2009. Measuring asymmetrical power distribution in supply chain networks: what is the appropriate method?[J]. Journal of Relationship Marketing, 8(2): 165-193.

Belaya V, Hanf J H. 2011. Power and supply chain management-insights from Russia[C]. Braunschweig: Vortrag anlässlich der 51. Jahrestagung der GEWISOLA.

Bendixen M, Burger B. 1998. Cross-cultural management philosophies[J]. Journal of Business Research, 42(2): 107-114.

Benfari R C, Wilkinson H E, Orth C D. 1986. The effective use of power[J]. Business Horizons, 29(3): 12-16.

Benton W C, Maloni M. 2005. The influence of power driven buyer/seller relationships on supply chain satisfaction[J]. Journal of Operations Management, 23(1): 1-22.

Berdie D R. 1989. Reassessing the value of high response rates to mail surveys[J]. Marketing Research, 1(3): 52-64.

Bergenholtz C, Goduscheit R C. 2011. An examination of a reciprocal relationship between network governance and network structure[J]. International Journal of Strategic Business Alliances, 2(3): 171-188.

Bierly P E, Coombs J E. 2004. Equity alliances, stages of product development, and alliance instability[J]. Journal of Engineering and Technology Management, 21(3): 191-214.

Biloslavo R, Kljajic-Dervic M. 2011. Survey of possibilities of applying the model of knowledge management in enterprises with regard to the bosnia and Herzegovina market[C]. Portorož: Proceedings of the 12th Management International Conference.

Blackler F, McDonald S. 2000. Power, mastery and organizational learning[J]. Journal of Management Studies, 37(6): 833-852.

Blois K, Lacoste S. 2006. Power in business-to-business relationships-some problems of interpretation[D]. PhD Thesis, University of Oxford and Lancaster University.

Blumberg B F. 2001. Cooperation contracts between embedded firms[J]. Organization Studies, 22(5): 825-852.

Bochner S, Hesketh B. 1994. Power distance, individualism/collectivism, and job-related attitudes in a culturally diverse work group[J]. Journal of Cross-Cultural Psychology, 25(2): 233-257.

Bosch-Sijtsema P M, Postma T J B M. 2009. Cooperative innovation projects: capabilities and governance mechanisms[J]. Journal of Product Innovation Management, 26(1): 58-70.

Botero I C, van Dyne L. 2009. Employee voice behavior interactive effects of LMX and power distance in the United States and Colombia[J]. Management Communication Quarterly, 23(1): 84-104.

Boudreau K. 2010. Open platform strategies and innovation: granting access versus devolving control[J]. Management Science, 56(10): 1849-1872.

Boyd D M, Ellison N B. 2010. Social network sites: definition, history, and scholarship[J]. Journal of Computer-mediated Communication, 13(1): 210-230.

Boyle B A, Dwyer F R. 1995. Power, bureaucracy, influence, and performance: their relationships in industrial distribution channels[J]. Journal of Business Research, 32(3): 189-200.

Brockner J, Siegel P A, Daly J P, et al. 1997. When trust matters: the moderating effect of outcome favorability[J]. Administrative Science Quarterly, 42(3): 558-583.

Brown J R, Johnson J L, Koenig H F. 1995. Measuring the sources of marketing channel power: a comparison of alternative approaches[J]. International Journal of Research in Marketing, 12(4): 333-354.

Brown J S, Duguid P. 2001. Knowledge and organization: a social-practice perspective[J]. Organization Science, 12(2): 198-213.

Bunderson J S, Reagans R E. 2011. Power, status, and learning in organizations[J]. Organization Science, 22(5): 1182-1194.

Burgoon M, Dillard J P, Doran N E, et al. 1982. Cultural and situational influences on the process of persuasive strategy selection[J]. International Journal of Intercultural Relations, 6(1): 85-100.

Busquets J. 2010. Orchestrating smart business network dynamics for innovation[J]. European Journal of Information Systems, 19(4): 481-493.

Cai S, Goh M, de Souza R, et al. 2012. Knowledge sharing in collaborative supply chains: twin effects of trust and power[J]. International Journal of Production Research, 51(7): 2060-2076.

Camuffo A. 2002. Rolling out a "world car": globalization, outsourcing and modularity in the auto industry[J]. Korean Journal of Political Economy, (4): 22-24.

Caniëls M, Gelderman C J. 2010. The safeguarding effect of governance mechanisms in Inter-firm exchange: the decisive role of mutual opportunism[J]. British Journal of Management, 21(1): 239-254.

Casciaro T, Piskorski M J. 2005. Power imbalance, mutual dependence, and constraint absorption: a closer look at resource dependence theory[J]. Administrative Science Quarterly, 50(2): 167-199.

Castells M. 2011. A network theory of power[J]. International Journal of Communication, (5): 773-787.

Chassagnon V. 2011. The law and economics of the modern firm: a new governance structure of power relationships[J]. Revue D'économie Industrielle, (134): 25-50.

Cheng J H, Yeh C H, Tu C W. 2008. Trust and knowledge sharing in green supply chains[J]. Supply Chain Management: An International Journal, 13(4): 283-295.

Chinomona R, Preterms M. 2011. SME manufacturers' cooperation and dependence on major dealers' expert power in distribution channels[J]. South African Journal of Economic and Management Sciences, 14(2): 170-187.

Chiu C M, Hsu M H, Wang E T G. 2006. Understanding knowledge sharing in virtual communities: an integration of social capital and social cognitive theories[J]. Decision Support Systems, 42(3): 1872-1888.

Chua R Y J, Ingram P, Morris M W. 2008. From the head and the heart: locating cognition-and affect-based trust in managers' professional networks[J]. Academy of Management Journal, 51(3): 436-452.

Clugston M, Howell J P, Dorfman P W. 2000. Does cultural socialization predict multiple bases and foci of commitment?[J]. Journal of Management, 26(1): 5-30.

Cohen J, Cohen P. 1983. Applied multiple regression/correlation analyses for the behavioral sciences[J]. Hillsdale Erlbaum, (2): 125-129.

Collin K, Sintonen T, Paloniemi S, et al. 2011. Work, power and learning in a risk filled occupation[J]. Management Learning, 42(3): 301-318.

Collinson D. 2005. Dialectics of leadership[J]. Human Relations, 58(11): 1419-1442.

Coopey J. 1995. The learning organization, power, politics and ideology introduction[J]. Management Learning, 26(2): 193-213.

Copenhagen D. 2005. Dynamics of industry and innovation: organizations, networks and systems[J]. Inter-firm Networks, Projects and Clusters, 15(3): 27-29.

Cox A. 2001. Managing with power: strategies for improving value appropriation from supply relationships[J]. Journal of Supply Chain Management, 37(2): 42-47.

Crama Y, Leruth L. 2011. Power indices and the measurement of control in corporate structures[J]. International Game Theory Review, 15(3): 27-32.

Das T K, Kumar R. 2010. Interpartner sensemaking in strategic alliances: managing cultural differences and internal tensions[J]. Management Decision, 48(1): 17-36.

Das T K, Teng B S. 2000a. A resource-based theory of strategic alliances[J]. Journal of Management, 26(1): 31-61.

Das T K, Teng B S. 2000b. Instabilities of strategic alliances: an internal tensions perspective[J]. Organization Science, 11(1): 77-101.

Davenport T H, Prusak L. 2000. Working Knowledge: How Organizations Manage What They Know[M]. Boston: Harvard Business Press.

Dawes S S, Gharawi M A, Burke G B. 2011. Knowledge and information sharing in transnational knowledge networks: a contextual perspective[C]. Hawaii: 44th Hawaii International Conference on System Sciences.

Dawson J. 2000. Viewpoint: retailer power, manufacturer power, competition and some questions of economic analysis[J]. International Journal of Retail and Distribution Management, 28(1): 5-8.

de Freitas Dewes M, Padula A D. 2012. Innovation in a strategic development program: the aerospace program in brazil[J]. Revista Brasileira de Inovação, 11(1): 167-192.

de Reuver M, Bouwman H, MacInnes I. 2009. Business model dynamics: a case survey[J]. Journal of Theoretical and Applied Electronic Commerce Research, 4(1): 1-11.

de Reuver M, Bouwman H. 2012. Governance mechanisms for mobile service innovation in value networks[J]. Journal of Business Research, 65(3):

347-354.

DeBresson C, Andersen E S.1996. Economic Interdependence and Innovative Activity: An Input-output Analysis[M]. Oxford: Oxford University Press.

Dhanaraj C, Lyles M A, Steensma H K, et al. 2004. Managing tacit and explicit knowledge transfer in IJVs: the role of relational embeddedness and the impact on performance[J]. Journal of International Business Studies, 35(5): 428-442.

Dhanaraj C, Parkhe A. 2006. Orchestrating innovation networks[J]. Academy of Management Review, 31(3): 659-669.

Dierickx I, Cool K. 1989. Asset stock accumulation and sustainability of competitive advantage[J]. Management Science, 35(12): 1504-1511.

Dooley L, O'Sullivan D. 2007. Managing within distributed innovation networks[J]. International Journal of Innovation Management, 11(3): 397-416.

Dwyer F R, Walker O C. 1981. Bargaining in an asymmetrical power structure[J]. Journal of Marketing, 45(1): 104-115.

Dyer J H, Chu W. 2003. The role of trustworthiness in reducing transaction costs and improving performance: empirical evidence from the United States, Japan, and Korea[J]. Organization Science, 14(1): 57-68.

Easterby-Smith M, Lyles M A. 2011. Handbook of Organizational Learning and Knowledge Management[M]. Chichester, Hoboken: Wiley-Blackwell.

Ebrahim N A, Shafia M A, Tavakoli H T. 2009. Virtual R&D team: technology transfer facilitator[C]. Orlando: IAMOT 2009—The 18th International Conference on Management of Technology.

Eddleston K A, Otondo R F, Kellermanns F W. 2008. Conflict, participative decision-making, and generational ownership dispersion: a multilevel analysis[J]. Journal of Small Business Management, 46(3): 456-484.

Ehrmann T, Spranger G. 2005. Asymmetrical power distribution in retail channels and cooperative franchisors[J]. SSRN Electronic Journal, (2): 15-19.

Emerson R M. 1962. Power-dependence relations[J]. American Sociological Review, 27(1): 31-41.

Etgar M. 1976. Channel domination and countervailing power in distributive channels[J]. Journal of Marketing Research, 13(3): 254-262.

Fang G, Pigneur Y. 2010. The configuration and performance of international innovation networks: some evidence from the Chinese software industry[J]. International Journal of Learning and Intellectual Capital, 7(2): 167-187.

Farh J L, Hackett R D, Liang J. 2007. Individual-level cultural values as moderators of perceived organizational support-employee outcome relationships in China: comparing the effects of power distance and traditionality[J]. Academy of Management Journal, 50(3): 715-729.

Ferrer M, Santa R, Hyland P W, et al. 2010. Relational factors that explain supply chain relationships[J]. Asia Pacific Journal of Marketing and Logistics, 22(3): 419-440.

Fink M, Harms R, Kraus S. 2008. Cooperative internationalization of SMEs: self-commitment as a success factor for international entrepreneurship[J]. European Management Journal, 26(6): 429-440.

Fink M, Kessler A. 2010. Cooperation, trust and performance-empirical results from three countries[J]. British Journal of Management, 21(2): 469-483.

Flynn B B, Zhao X, Huo B, et al. 2008. We've got the power! How customer power affects supply chain relationships[J]. Business Horizons, 51(3): 169-174.

Frazier G L, Antia K D. 1995. Exchange relationships and interfirm power in channels of distribution[J]. Journal of the Academy of Marketing Science, 23(4): 321-326.

Frazier G L, Rody R C. 1991. The use of influence strategies in interfirm relationships in industrial product channels[J]. Journal of Marketing, 55(1): 52-69.

Frazier G L, Summers J O. 1984. Interfirm influence strategies and their application within distribution channels[J]. Journal of Marketing, 48(3): 43-55.

Frazier G L, Summers J O. 1986. Perceptions of interfirm power and its use within a franchise channel of distribution[J]. Journal of Marketing Research, 23(2): 169-176.

French J R P, Raven B. 2001. The bases of social power[J]. The Negotiation Sourcebook, (6): 61-74.

Fungáčová Z, Solanko L, Weill L. 2010. Market power in the Russian banking industry[J]. Economie Internationale, 124(4): 127-145.

Galinsky A D, Gruenfeld D H, Magee J C. 2003. From power to action[J].

Journal of Personality and Social Psychology, 85(3): 453-466.

Ganesan S. 1994. Determinants of long-term orientation in buyer-seller relationships[J]. Journal of Marketing, 58(2): 1-19.

Gaski J F. 1984. The theory of power and conflict in channels of distribution[J]. Journal of Marketing, 48(3): 9-29.

Gausdal A H, Hildrum J M. 2012. Facilitating trust building in networks: a study from the water technology industry[J]. Systemic Practice and Action Research, 25(1): 15-38.

Gausdal A H, Nilsen E R. 2011. Orchestrating innovative SME networks. The case of "HealthInnovation"[J]. Journal of Knowledge Economy, 2(4): 586-600.

Gay B, Dousset B. 2005. Innovation and network structural dynamics: study of the alliance network of a major sector of the biotechnology industry[J]. Research Policy, 34(10): 1457-1475.

George D, Mallery P. 2010. SPSS for Windows step by step: a simple guide and reference, 17.0 update[J]. Computer Software, (100): 357.

Gerlak A K, Heikkila T. 2011. Building a theory of learning in collaboratives: evidence from the everglades restoration program[J]. Journal of Public Administration Research and Theory, 21(4): 619-644.

Gil-saura I, Ruiz-Molina M E, Arteaga-Moreno F. 2011. Value, supplier dependence and long-term orientation: outcomes for B2B commerce in the travel industry[J]. Industrial Management & Data Systems, 111(5): 791-808.

Goerzen A. 2005. Managing alliance networks: emerging practices of multinational corporations[J]. Academy of Management Executive (1993-2005), 19(2): 94-107.

Gooderham P N. 2007. Enhancing knowledge transfer in multinational corporations: a dynamic capabilities driven model[J]. Knowledge Management Research & Practice, 5(1): 34-43.

Gooderham P, Minbaeva D B, Pedersen T. 2011. Governance mechanisms for the promotion of social capital for knowledge transfer in multinational corporations[J]. Journal of Management Studies, 48(1): 123-150.

Goodman L E, Dion P A. 2001. The determinants of commitment in the distributor-manufacturer relationship[J]. Industrial Marketing Management, 30(3): 287-300.

Graf A, Koeszegi S T, Pesendorfer E M. 2012. Cross-cultural negotiations and power distance: strategies applied by Asian and European buyers and sellers in electronic negotiations[J]. Nankai Business Review International, 3(3): 242-256.

Granovetter M. 2002. A theoretical agenda for economic sociology[J]. The New Economic Sociology: Developments in an Emerging Field, 24(2): 35-60.

Grant R M. 1996. Toward a knowledge-based theory of the firm[J]. Strategic Management Journal, 17(s2): 109-122.

Green S B, Lissitz R W, Mulaik S A. 2016. Limitations of coefficient alpha as an index of test unidimensionality[J]. Educational & Psychological Measurement, 37(4): 827-838.

Greer L, van Kleef G A. 2008. Power distance, conflict resolution and status conflicts in teams: how do team power dynamics impact conflict resolution?[J]. SSRN Electronic Journal, 15(1): 152-167.

Greve H R, Baum J A C, Mitsuhashi H, et al. 2010. Built to last but falling apart: cohesion, friction, and withdrawal from interfirm alliances[J]. Academy of Management Journal, 53(2): 302-322.

Gudas S, Brundzaite R. 2007. Approach to Enterprise Knowledge Base Development[M]. Boston: Springer.

Gundlach G T, Cadotte E R. 1994. Exchange interdependence and interfirm interaction: research in a simulated channel setting[J]. Journal of Marketing Research, 31(4): 516-532.

Håkanson L. 2010. The firm as an epistemic community: the knowledge-based view revisited[J]. Industrial and Corporate Change, 19(6): 1801-1828.

Handley S M, Benton W C. 2012. The influence of exchange hazards and power on opportunism in outsourcing relationships[J]. Journal of Operations Management, 30(1): 55-68.

Hanf J H, Belaya V, Schweickert E. 2012. Power play in the German wine business: are German wine co-operatives able to use their power to manage their business relationships?[J]. Journal of Economics and Behavioral Studies, 4(4): 227-238.

Haour G. 2010. Stretching the knowledge—Base of the enterprise through contract research[J]. R&D Management, 22(2): 177-182.

Hardin R. 2002. Trust and Trustworthiness[M]. New York: Russell Sage Foundation Publications.

Hart P, Saunders C. 1997. Power and trust: critical factors in the adoption and use of electronic data interchange[J]. Organization Science, 8(1): 23-42.

Heide J B. 1994. Interorganizational governance in marketing channels[J]. Journal of Marketing, 58(1): 71-85.

Hendriks P. 1999. Why share knowledge? The influence of ICT on the motivation for knowledge sharing[J]. Knowledge and Process Management, 6(2): 91-100.

Henry A D. 2011. Ideology, power, and the structure of policy networks[J]. Policy Studies Journal, 39(3): 361-383.

Heslin K, Marr J A. 2009. Building organizational capacity for change[J]. Healthcare Management Forum, 21(4): 44-49.

Heupel M. 2008. Combining hierarchical and soft modes of governance: The UN Security Council's approach to terrorism and weapons of mass destruction proliferation after 9/11[J]. Cooperation and Conflict, 43(1): 7-29.

Hewett K, Bearden W O. 2001. Dependence, trust, and relational behavior on the part of foreign subsidiary marketing operations: implications for managing global marketing operations[J]. Journal of Marketing, 65(4): 51-56.

Hillman A J, Withers M C, Collins B J. 2009. Resource dependence theory: a review[J]. Journal of Management, 35(6): 1404-1427.

Hingley M K. 2005a. Power to all our friends? Living with imbalance in supplier-retailer relationships[J]. Industrial Marketing Management, 34(8): 848-858.

Hingley M K. 2005b. Power imbalance in UK agri-food supply channels: learning to live with the supermarkets?[J]. Journal of Marketing Management, 21(1-2): 63-88.

Hislop D, Newell S, Scarbrough H, et al. 2000. Networks, knowledge and power: decision making, politics and the process of innovation[J]. Technology Analysis and Strategic Management, 12(3): 399-411.

Hofstede G. 1980. Motivation, leadership, and organization: do American theories apply abroad[J]. Organizational Dynamics, 9(1): 42-63.

Hofstede G.1986. Cultural differences in teaching and learning[J]. International Journal of Intercultural Relations, 10(3): 301-320.

Hong I B, Cho H. 2011. The impact of consumer trust on attitudinal loyalty and purchase intentions in B2C e-marketplaces: intermediary trust vs. seller trust[J]. International Journal of Information Management, 31(5): 469-479.

Hong J F L, Snell R S. 2008. Power inequality in cross-cultural learning: the case of Japanese transplants in China[J]. Asia Pacific Business Review, 14(2): 253-273.

Hou J, Zeng A Z. 2011. Bargaining in a two-stage supply chain through revenue-sharing contract[J]. Supply Chain Coordination under Uncertainty, 23(4): 347-378.

Huang X J, Wang Y J. 2011. Research on knowledge stickiness effect of modularity production network based on the perspective of interface rules evolving[C]. Guangzhou: International Conference on Business Management and Electronic Information (BMEI).

Huang X, van de Vliert E. 2003. Where intrinsic job satisfaction fails to work: national moderators of intrinsic motivation[J]. Journal of Organizational Behavior, 24(2): 159-179.

Humborstad B, Sut I W H, Whitfield R, et al. 2008. Implementation of empowerment in Chinese high power-distance organizations[J]. The International Journal of Human Resource Management, 19(7): 1349-1364.

Hurmelinna-Laukkanen P. 2012. Constituents and outcomes of absorptive capacity-appropriability regime changing the game[J]. Management Decision, 50(7): 1178-1199.

Ignatiadis I, Nandhakumar J. 2006. The impact of enterprise systems on organizational resilience[J]. Journal of Information Technology, 22(1): 36-43.

Ingold K. 2011. Network structures within policy processes: coalitions, power, and brokerage in Swiss climate policy[J]. Journal of American Science, 39(3): 435-459.

Ipe M. 2003. Knowledge sharing in organizations: a conceptual framework[J]. Human Resource Development Review, 2(4): 337-359.

Ireland R D, Webb J W. 2007. Strategic entrepreneurship: creating competitive advantage through streams of innovation[J]. Business Horizons, 50(1): 49-59.

Jambulingam T, Kathuria R, Nevin J R. 2011. Fairness-trust-loyalty relationship under varying conditions of supplier-buyer interdependence[J]. Journal of Marketing Theory and Practice, 19(1): 39-56.

Johnson D, Grayson K. 2005. Cognitive and affective trust in service relationships[J]. Journal of Business Research, 58(4): 500-507.

Johnson J L, Sakano T, Cote J A, et al. 1993. The exercise of interfirm power and its repercussions in US-Japanese channel relationships[J]. Journal of Marketing, 57(2): 1-10.

Jones G K, Davis H J. 2000. National culture and innovation: implications for locating global R&D operations[J]. Management International Review, 40(1): 11-39.

Judd C M, Kenny D A. 1981. Process analysis: estimating mediation in treatment evaluations[J]. Evaluation Review, 5(5): 602-619.

Kahler M. 2009. Networked Politics: Agency, Power, and Governance[M]. New York: Cornell University.

Kale P, Dyer J H, Singh H. 2002. Alliance capability, stock market response, and long-term alliance success: the role of the alliance function[J]. Strategic Management Journal, 23(8): 747-767.

Kärreman D. 2010. The power of knowledge: learning from "learning by knowledge-intensive firm"[J]. Journal of Management Studies, 47(7): 1405-1416.

Karttinen A, Jarvensivu T, Tuominen M. 2008. Managing gerontechnological innovation in networks[J]. International Journal of Technology Marketing, 3(4): 392-402.

Keast R, Hampson K. 2007. Building constructive innovation networks: role of relationship management[J]. Journal of Construction Engineering and Management, 133(5): 364-373.

Kellermanns F W, Eddleston K A, Barnett T, et al. 2010. An exploratory study of family member characteristics and involvement: effects on entrepreneurial behavior in the family firm[J]. Family Business Review, 21(1): 1-14.

Kelly C. 2007. Managing the relationship between knowledge and power in organisations[J]. New Information Perspectives, 59(2): 125-138.

Keltner D, Gruenfeld D H, Anderson C. 2003. Power, approach, and inhibition[J]. Psychological Review, 110(2): 265-271.

Khatri N. 2009. Consequences of power distance orientation in organizations[J]. The Journal of Business Perspective, 13(1): 1-9.

Kim C, Mauborgne R. 1998. Procedural justice, strategic decision making, and the knowledge economy[J]. Strategic Management Journal, 19(4): 323-338.

Kim K. 2000. On interfirm power, channel climate, and solidarity in industrial distributor-supplier dyads[J]. Journal of the Academy of Marketing

Science, 28(3): 388-405.

Kim S H, Smith R H, Brigham N L. 1998. Effects of power imbalance and the presence of third parties on reactions to harm: upward and downward revenge[J]. Personality and Social Psychology Bulletin, 24(4): 353-361.

Kirkbride P S, Tang S F Y, Westwood R I. 1991. Chinese conflict preferences and negotiating behaviour: cultural and psychological influences[J]. Organization Studies, 12(3): 365-386.

Knight G A, Cavusgil S T. 2004. Innovation, organizational capabilities, and the born-global firm[J]. Journal of International Business Studies, 35(2): 124-141.

Kogut B, Zander U. 1992. Knowledge of the firm, combinative capabilities, and the replication of technology[J]. Organization Science, 3(3): 383-397.

Kogut B, Zander U. 1993. Knowledge of the firm and the evolutionary theory of the multinational corporation[J]. Journal of International Business Studies, 24(4): 625-645.

Krajewski L, Wei J C, Tang L L. 2005. Responding to schedule changes in build-to-order supply chains[J]. Journal of Operations Management, 23(5): 452-469.

Kreiser P, Marino L. 2002. Analyzing the historical development of the environmental uncertainty construct[J]. Management Decision, 40(9): 895-905.

Krishnan R T. 2012. Innovation strategies of Indian market leaders[J]. Journal of Indian Business Research, 4(2):92-96.

Kumar N. 1996. The power of trust in manufacturer-retailer relations-hips[J]. Harvard Business Review, 74(6): 92-106.

Lammers I, Man A P, Jelinek M. 2009. Inside the tertius gaudens: the case of ASML[J]. Economics and Business Administration, 19(2): 45-66.

Landsperger J, Spieth P. 2011. Managing innovation networks in the industrial goods sector[J]. International Journal of Innovation Management, 15(6): 1209-1241.

Lane C, Bachmann R. 1997. Co-operation in inter-firm relations in Britain and Germany: the role of social institutions[J]. British Journal of Sociology, 48(2): 226-254.

Langfield-Smith K. 2008. The relations between transactional characteristics, trust and risk in the start-up phase of a collaborative alliance[J].

Management Accounting Research, 19(4): 344-364.

Laporte A V D, Weersink A J, Mckenney D W. 2016. Effects of supply chain structure and biomass prices on bioenergy feedstock supply[J]. Applied Energy, 183:1053-1064.

Latiff S B H N M A H, Hassan A. 2008. Rise and fall of knowledge power: an in-depth investigation[J]. Humanomics, 24(1): 17-27.

Laumann E O, Marsden P, Prensky D. 1989. The boundary specification problem in network analysis[J]. Applied Network Analysis: A Methodological Introduction Sage, Beverly Hills, (1): 18-34.

Lawler E J, Proell C A. 2001. The power process and emotion//Tjosvold D, van Knippenberg B. Power and interdependence in organizations[M]. New York: Cambridge University Press.

Lawrence T B, Mauws M K, Dyck B, et al. 2005. The politics of organizational learning: integrating power into the 4I framework[J]. Academy of Management Review, 30(1): 180-191.

Lee C, Pillutla M, Law K S. 2000. Power-distance, gender and organizational justice[J]. Journal of Management, 26(4): 685-704.

Lee P Y, Lin H T, Kim H J, et al. 2011. Knowledge articulation and dynamic capabilities in firm collaborations[J]. African Journal of Business Management, 5(11): 4196-4208.

Leiponen A, Helfat C E. 2011. Location, decentralization, and knowledge sources for innovation[J]. Organization Science, 22(3): 641-658.

Leonard-Barton D. 1998. Wellsprings of Knowledge: Building and Sustaining the Sources of Innovation[M]. Boston: Harvard Business School Press.

Leonidou L C, Talias M A, Leonidou C N. 2008. Exercised power as a driver of trust and commitment in cross-border industrial buyer-seller relationships[J]. Industrial Marketing Management, 37(1): 92-103.

Leung K, Brew F P, Zhang Z X, et al. 2011. Harmony and conflict: a cross-cultural investigation in China and Australia[J]. Journal of Cross-Cultural Psychology, 42(5): 795-816.

Levitt T. 1986. The Marketing Imagination[M]. New York: The Free Press.

Liao T J. 2010. Cluster and performance in foreign firms: the role of resources, knowledge, and trust[J]. Industrial Marketing Management, 39(1): 161-169.

Lichtenthaler U. 2008. Relative capacity: retaining knowledge outside a firm's boundaries[J]. Journal of Engineering and Technology Management, 25(3): 200-212.

Lin H F. 2011. Antecedents of the stage-based knowledge management evolution[J]. Journal of Knowledge Management, 15(1): 136-155.

Lin T C, Wu S, Lu C T. 2012. Exploring the affect factors of knowledge sharing behavior: the relations model theory perspective[J]. Expert Systems with Applications, 39(1): 751-764.

Liu D, Li X, Huang Y. 2009. Study on determination of core enterprise based on set pair analysis[C]. Changsha: International Conference on Intelligent Computation Technology and Automation.

Liu S C, Madhavan R, Sudharshan D. 2005. DiffuNET: The impact of network structure on diffusion of innovation[J]. European Journal of Innovation Management, 8(2): 240-262.

Liu Y, Li Y, Tao L, et al. 2008. Relationship stability, trust and relational risk in marketing channels: evidence from China[J]. Industrial Marketing Management, 37(4): 432-446.

Liu Y, Su C, Li Y, et al. 2010. Managing opportunism in a developing interfirm relationship: the interrelationship of calculative and loyalty commitment[J]. Industrial Marketing Management, 39 (5): 844-852.

Lu S Q. 2009. The definition of core enterprise in supply chain based on constraint theory[J]. China Logistics and Purchasing, 17(2): 72-73.

Luo Y, Liu Y, Zhang L, et al. 2011. A taxonomy of control mechanisms and effects on channel cooperation in China[J]. Journal of the Academy of Marketing Science, 39(2): 307-326.

Magee J C, Smith P K. 2011. What drives the psychological effects of power? A comparison of the approach/inhibition and social distance theories[C]. Istanbul: IACM 24th Annual Conference.

Malhotra D, Lumineau F. 2011. Trust and collaboration in the aftermath of conflict: the effects of contract structure[J]. Academy of Management Journal, 54(5): 981-998.

Maloni M, Benton W C. 2000. Power influences in the supply chain[J]. Journal of Business Logistics, 21(1): 49-73.

Mannix E A, Sauer S J. 2006. Status and power in organizational group research: acknowledging the pervasiveness of hierarchy[J]. Advances in Group Processes, 23(3): 149-182.

Masrek M N, Noordin S A, Anwar N, et al. 2011. The relationship between cultural identity and individual knowledge sharing behavior[J]. IBIMA Business Review, 34(3): 14-23.

Matheus T. 2009. A conceptual model and illustrative research framework for inter-organizational innovation[J]. Management Research News, 32(3): 254-271.

McAllister D. 1995. Affect-and cognition-based trust as foundations for interpersonal cooperation in organizations[J]. Academy of Management Journal, 38(1): 24-59.

Meehan J, Wright G H. 2011. Power priorities: a buyer-seller comparison of areas of influence[J]. Journal of Purchasing and Supply Management, 17(1): 32-41.

Michailova S, Mustaffa Z. 2012. Subsidiary knowledge flows in multinational corporations: research accomplishments, gaps, and opportunities[J]. Journal of World Business, 47(3): 383-396.

Mintzberg H. 1983. Power in and Around Organizations[M]. Englewood Cliffs: Prentice-Hall.

Mitręga M, Zolkiewski J. 2012. Negative consequences of deep relationships with suppliers: an exploratory study in Poland[J]. Industrial Marketing Management, 41(5): 886-894.

Molm L D. 1981. The conversion of power imbalance to power use[J]. Social Psychology Quarterly, 44(43): 151-163.

Molm L D. 1997. Risk and power use: constraints on the use of coercion in exchange[J]. American Sociological Review, 62(1): 113-133.

Morgan R M, Hunt S D. 1994. The commitment trust theory of relationship marketing[J]. Journey of Marketing, 58(3): 20-38.

Morrison A. 2008. Gatekeepers of knowledge within industrial districts: who they are, how they interact[J]. Regional Studies, 42(6): 817-835.

Mueller E. 2012. How to manage networks? The role of network attributes and incentives in network governance[J]. International Journal of Entrepreneurship and Small Business, 15(1): 57-75.

Mutch N E. 2011. Does power imbalance matter in corporate-nonprofit partnerships?[D]. PhD Thesis, University of Otago.

Nambisan S, Sawhney M. 2011. Orchestration processes in network-centric innovation: evidence from the field[J]. Academy of Management Perspectives, 25(3):

40-57.

Neal J W, Neal Z P. 2011. Power as a structural phenomenon[J]. American journal of Community Psychology, 48(3): 157-167.

Nelson R R, Winter S. 1982. An evolutionary theory of economic change[M]. London: Belknap Press.

Newig J, Günther D, Pahl-Wostl C. 2010. Synapses in the network: learning in governance networks in the context of environmental management[J]. Ecology and Society, 15(4): 24-31.

Nicolaou A I, Sedatole K L, Lankton N K. 2011. Integrated information systems and alliance partner trust[J]. Contemporary Accounting Research, 28(3): 1018-1045.

Nicolopoulou K. 2011. Towards a theoretical framework for knowledge transfer in the field of CSR and sustainability[J]. Equality, Diversity and Inclusion: An International Journal, 30(6): 524-538.

Nijdam M H, de Langen P W. 2003. Leader firms in the dutch maritime cluster[C]. Jyväskylä: The European Regional Science Association (ERSA) Congress.

Nooteboom B, van Haverbeke W, Duysters G, et al. 2007. Optimal cognitive distance and absorptive capacity[J]. Research Policy, 36(7): 1016-1034.

Oliver C. 1990. Determinants of interorganizational relationships: integration and future directions[J]. Academy of Management Review, 15(2): 241-265.

Ooi K-B, Cheah W-C, Lin B, et al. 2012. TQM practices and knowledge sharing: an empirical study of Malaysia's manufacturing organizations[J]. Asia Pacific Journal of Management, 29(1): 59-78.

Owen-Smith J, Powell W W. 2004. Knowledge networks as channels and conduits: the effects of spillovers in the Boston Biotechnology Community[J]. Organization Science, 15(1): 5-21.

Oyserman D. 2006. High power, low power, and equality: culture beyond individualism and collectivism[J]. Journal of Consumer Psychology, 16(4): 352-356.

Padula A D. 2010. Cooperation trends in horizontal business networks: example of retail networks in Germany[J]. International Journal of Business and Management, 5(12): 354-363.

Paine J B, Organ D W. 2000. The cultural matrix of organizational citizenship behavior: some preliminary conceptual and empirical observations[J]. Human

Resource Management Review, 10(1): 45-59.

Panayides P M, Venus Lun Y H. 2009. The impact of trust on innovativeness and supply chain performance[J]. International Journal of Production Economics, 122(1): 35-46.

Pasa S F. 2000. Leadership influence in a high power distance and collectivist culture[J]. Leadership & Organization Development Journal, 21(8): 414-426.

Perks H, Moxey S. 2011. Market-facing innovation networks: how lead firms partition tasks, share resources and develop capabilities[J]. Industrial Marketing Management, 40(8): 1224-1237.

Pfeffer J, Salancik G R. 2003. The External Control of Organizations: A Resource Dependence Perspective[M]. New York: Stanford Business Books.

Ping R A Jr. 1995. A parsimonious estimating technique for interaction and quadratic latent variables[J]. Journal of Marketing Research, 32(3): 336-347.

Ping R A Jr. 1996. Latent variable interaction and quadratic effect estimation: a two-step technique using structural equation analysis[J]. Psychological Bulletin, 119(1): 166-175.

Pittaway L A, Robertson M, Munir K, et al. 2004. Networking and innovation: a systematic review of the evidence[J]. International Journal of Management Reviews, 5(3-4): 137-168.

Pleijte M, Schut M, During R. 2011. Reflexivity in action research: two spatial planning cases[J]. Knowledge in Action, 11(3): 221-245.

Podsakoff P M, Organ D W. 1986. Self-reports in organizational research: problems and prospects[J]. Journal of Management, 12(4): 531-544.

Poppo L, Zenger T. 2002. Do formal contracts and relational governance function as substitutes or complements?[J]. Strategic management journal, 23(8): 707-725.

Porter M E. 1990. The Competitive Advantage of Nations: With a New Introduction[M]. New York: The Free Press.

Powell W W, Koput K W, Smith-Doerr L. 1996. Interorganizational collaboration and the locus of innovation: networks of learning in biotechnology[J]. Administrative Science Quarterly, 41(3): 116-145.

Provan K G, Huang K, Milward H B. 2009. The evolution of structural embeddedness and organizational social outcomes in a centrally governed health and human services network[J]. Journal of Public Administration

Research and Theory, 19(4): 873-893.

Provan K G, Kenis P. 2008. Modes of network governance: structure, management, and effectiveness[J]. Journal of Public Administration Research and Theory, 18(2): 229-252.

Rajan R G, Zingales L. 2000. The governance of the new enterprise[J]. National Bureau of Economic Research, 3(2): 1-45.

Rajan R G, Zingales L. 2001. The firm as a dedicated hierarchy: a theory of the origin and growth of firms[J]. Quarterly Journal of Economics, 116(3): 805-851.

Rampersad G, Quester P, Troshani I. 2010. Examining network factors: commitment, trust, coordination and harmony[J]. Journal of Business & Industrial Marketing, 25(7): 487-500.

Reed M, Evely A C, Cundill G, et al. 2010. What is social learning?[J]. Ecology and Society, 15(5): 112-124.

Regnér P, Zander U. 2011. Knowledge and strategy creation in multinational companies[J]. Management International Review, 51(6): 821-850.

Ring P S, van de Van A H. 1994. Developmental processes of cooperative interorganizational relationships[J]. Academy of Management Review, 19(1): 90-118.

Ritala P, Armila L, Blomqvist K. 2009. Innovation orchestration capability defining the organizational and individyal level determinants[J]. International Journal of Innovation Management, 13(4): 569-591.

Rokkan A I, Haugland S A. 2002. Developing relational exchange: effectiveness and power[J]. European Journal of Marketing, 36(1/2): 211-230.

Rosell D R. 2012. Capturing supplier knowledge in new product development: the effects of trust[D]. PhD Thesis, Middle East Technical University.

Rosenberg L J, Stern L W. 1971. Conflict measurement in the distribution channel[J]. Journal of Marketing Research, 8(4): 437-442.

Rouse J. 1987. Knowledge and Power: Towards a Political Philosophy of Science[M]. Ithaca: Cornell University Press.

Ryu S, Arslan H, Aydin N. 2007. The effect of interfirm dependence structures on governance mechanisms[J]. Journal of Purchasing and Supply Management, 13(1): 17-25.

Savory C. 2009. Building knowledge translation capability into public-sector innovation processes[J]. Technology Analysis & Strategic Management,

21(2): 149-171.

Schulze W S, Lubatkin M H, Dino R N. 2003. Exploring the agency consequences of ownership dispersion among the directors of private family firms[J]. Academy of Management Journal, 46(2): 179-194.

Seba I, Rowley J, Delbridge R. 2012. Knowledge sharing in the Dubai police force[J]. Journal of Knowledge Management, 16(1): 114-128.

Simpson B, Markovsky B, Steketee M. 2011. Power and the perception of social networks[J]. Social Networks, 33(2): 166-171.

Smith A, Houghton S M, Hood J N, et al. 2006. Power relationships among top managers: does top management team power distribution matter for organizational performance?[J]. Journal of Business Research, 59(5): 622-629.

Smith A. 2003. Power relations, industrial clusters, and regional transformations: Pan-European integration and outward processing in the Slovak clothing industry[J]. Economic Geography, 79(1): 17-40.

Span K C L, Luijkx K G, Schols J M G A, et al. 2012. The relationship between governance roles and performance in local public interorganizational networks[J]. American Review of Public Administration, 42(2): 186-201.

Squire B, Cousins P D, Brown S. 2009. Cooperation and knowledge transfer within buyer-supplier relationships: the moderating properties of trust, relationship duration and supplier performance[J]. British Journal of Management, 20(4): 461-477.

Steensma H K, Marino L, Weaver K M, et al. 2000. The influence of national culture on the formation of technology alliances by entrepreneurial firms[J]. Academy of Management Journal, 43(5): 951-973.

Steinberg R H. 2002. In the shadow of law or power? Consensus-based bargaining and outcomes in the GATT/WTO[J]. International Organization, 56(2): 339-374.

Steiner R. 2011. Knowledge of the Higher Worlds: How is it Achieved?[M]. Dornach: Rudolf Steiner Press.

Stern L W, Reve T. 1980. Distribution channels as political economies: a framework for comparative analysis[J]. Journal of Marketing, 44(3): 52-64.

Szulanski G. 2000. The process of knowledge transfers: a diachronic analysis of stickiness[J]. Organizational Behavior and Human Decision Processes,

82(1):9-27.

Talet A N, Alhawari S, Mansour E, et al. 2011. The practice of Jordanian business to attain customer knowledge acquisition[J]. International Journal of Knowledge Management, 7(2): 49-67.

Tan W, Chong E. 2003. Power distance in Singapore construction organizations: implications for project managers[J]. International Journal of Project Management, 21(7): 529-536.

Tarakci M, Groenen P J F. 2011. Power structures and adaptation: how to distribute power within a group[R]. ERIM Report Series Reference No. ERS-2011-025-MKT.

Teece D J, Pisano G, Shuen A. 1997. Dynamic capabilities and strategic management[J]. Strategic Management Journal, 18(7): 509-533.

Teimoury E, Fesharaki M, Bazyar A. 2010a. The relationship between mediated power asymmetry, relational risk perception, and governance mechanism in new product development relationships[J]. Journal of Research in Interactive Marketing, 4(4): 296-315.

Teimoury E, Fesharaki M, Bazyar A. 2010b. The relationship between modes of governance and relational tie in new product development relationships[J]. Journal of Strategy and Management, 3(4): 374-392.

Teimoury E, Fesharaki M, Bazyar A. 2011. The relationship between governance and NPD performance and the mediating role of tie strength[J]. International Journal of Productivity and Performance Management, 60(6): 622-641.

Terpend R, Ashenbaum B. 2012. The Intersection of power, trust and supplier network size: implications for supplier performance[J]. Journal of Supply Chain Management, 48(3): 52-77.

Todeva E, Knoke D. 2005. Strategic alliances and models of collaboration[J]. Management Decision, 43(1): 123-148.

Torelli C J, Shavitt S. 2011. The impact of power on information processing depends on cultural orientation[J]. Journal of Experimental Social Psychology, 47(5): 959-967.

Tortoriello M, Reagans R, McEvily B. 2012. Bridging the knowledge gap: the influence of strong ties, network cohesion, and network range on the transfer of knowledge between organizational units[J]. Organization Science, 23(4): 1024-1039.

Tran T P N. 2010. Essays on social preferences[J]. Dissertations & Theses-Gradworks.

Verkasolo M, Lappalainen P. 1998. A method of measuring the efficiency of the knowledge utilization process[J]. IEEE Transactions on Engineering Management, 45(4): 414-423.

Vijayasarathy L R. 2010. Supply integration: an investigation of its multi-dimensionality and relational antecedents[J]. International Journal of Production Economics, 124(2): 489-505.

Vlachopoulou M, Manthou V. 2003. Partnership alliances in virtual markets[J]. International Journal of Physical Distribution and Logistics Management, 33(3): 254-267.

Vsleri A. 2012. WikiLeaks and the authority of knowledge[J]. Policy Futures in Education, 10(2): 237-248.

Vurro C, Dacin M T, Perrini F. 2010. Institutional antecedents of partnering for social change: how institutional logics shape cross-sector social partnerships[J]. Journal of business ethics, 94(1): 39-53.

Vurro C, Russo A, Perrini F. 2009. Shaping sustainable value chains: network determinants of supply chain governance models[J]. Journal of business ethics, 90(4): 607-621.

Wahab S A R, Rose R C, Jegak U, et al. 2009. A review on the technology transfer models, knowledge-based and organizational learning models on technology transfer[J]. European Journal of Social Sciences, 10(4): 550-564.

Waheed A K, Gaur S S. 2012. An empirical investigation of customer dependence in interpersonal buyer-seller relationships[J]. Asia Pacific Journal of Marketing and Logistics, 24(1): 102-124.

Wang L, Yeung J H Y, Zhang M. 2011. The impact of trust and contract on innovation performance: the moderating role of environmental uncertainty[J]. International Journal of Production Economics, 134(1): 114-122.

Wang S, Noe R A, Wang Z M. 2014. Motivating knowledge sharing in knowledge management systems: a quasi-field experiment[J]. Journal of Management, 40(4): 978-1009.

Wegner D, Padula A D. 2010. Governance and management of horizontal business networks: an analysis of retail networks in Germany[J]. International Journal of Business and Management, 5(12): 74-87.

Weiler H N. 2011. Knowledge and power[J]. Journal of Educational Planning and Administration, 24(3): 205-211.

Whelan E. 2007. Exploring knowledge exchange in electronic networks of practice[J]. Journal of Information Technology, 22(1): 5-12.

Willer D, Lovaglia M J, Markovsky B. 1997. Power and influence: a theoretical bridge[J]. Social Forces, 76(2): 571-603.

Willis G B, Guinote A. 2011. The effects of social power on goal content and goal striving: a situated perspective[J]. Social and Personality Psychology Compass, 5(10): 706-719.

Wong S S, Ho V T, Lee C H. 2008. A power perspective to interunit knowledge transfer: linking knowledge attributes to unit power and the transfer of knowledge[J]. Journal of Management, 34(1): 127-150.

Woolthuis R K, Hillebrand B, Nooteboom B. 2005. Trust, contract and relationship development[J]. Organization Studies, 26(6): 813-840.

Wu J, Li J, Wang S Y. 2006. Some key problems in supply chain risk management[J]. Journal of Management Sciences in China, (6): 45-49.

Wu J, Wang J. 2011. The co-evolution of the knowledge networks and the learning pattern of core enterprise in cluster: a case study of Chint Electric[C]. Wuhan: International Conference on Management and Service Science (MASS).

Wu W W. 2008. Choosing knowledge management strategies by using a combined ANP and DEMATEL approach[J]. Expert Systems with Applications, 35(3): 828-835.

Wuyts S, Geyskens I. 2005. The formation of buyer-supplier relationships: detailed contract drafting and close partner selection[J]. Journal of Marketing, 69(4): 103-117.

Yamina M, Forsgren M. 2006. Hymer's analysis of the multinational organization: power retention and the demise of the federative MNE[J]. International Business Review, 15(2): 166-179.

Yang J T. 2007. Knowledge sharing: investigating appropriate leadership roles and collaborative culture[J]. Tourism Management, 28(2): 530-543.

Yang J, Mossholder K W, Peng T K. 2007. Procedural justice climate and group power distance: an examination of cross-level interaction effects[J]. Journal of Applied Psychology, 92(3): 681-692.

Yaqub M Z, Malik A, Shah H. 2010. The roles of satisfaction, trust and commitment in value-creation in strategic networks[J]. European Journal of Economics, Finance and Administrative Sciences, 18(2): 133-145.

Ybarra C E, Turk T A. 2011. Commitment to high-tech strategic alliances: a comparison of direct-competitor and non-competitor alliances[J]. Strategic Management Review, 5(1): 1-21.

Ybema S, Byun H. 2009. Cultivating cultural differences in asymmetric power relations[J]. International Journal of Cross Cultural Management, 9(3): 339-358.

Yeung J H Y, Selen W, Zhang M, et al. 2009. The effects of trust and coercive power on supplier integration[J]. International Journal of Production Economics, 120: (1): 66-78.

Yoon W, Hyun E. 2010. Social and institutional conditions of network governance: network governance in East Asia[J]. Management Decision, 48(8): 1212-1229.

Zander U, Kogut B. 1995. Knowledge and the speed of the transfer and imitation of organizational capabilities: an empirical test[J]. Organization Science, 6(1): 76-92.

Zhang Y, Begley T M. 2011. Power distance and its moderating impact on empowerment and team participation[J]. International Journal of Human Resource Management, 22(17): 3601-3617.

Zhang Y, Winterich K P, Mittal V. 2010. Power distance belief and impulsive buying[J]. Journal of Marketing Research, 47(5): 945-954.

Zhao H, Yan R, Li C. 2010. The maintenance mechanism of coal-electricity supply chain based on trust and power[C]. Chengdu: 2010 IEEE International Conference on Advanced Management Science.

Zhao X, Huo B, Selen W, et al. 2011. The impact of internal integration and relationship commitment on external integration[J]. Journal of Operations Management, 29(1-2): 17-32.

Zhao Y, Lavin M. 2012. An empirical study of knowledge transfers in working relationships with suppliers in new product development[J]. International Journal of Innovation Management, 16(2): 142-151.

Zhuang G, Xi Y, Tsang A S L. 2010. Power, conflict, and cooperation: the impact of guanxi in Chinese marketing channels[J]. Industrial Marketing Management, 39(1): 137-149.

附　录

调查问卷

尊敬的女士/先生：

您好！

您看到的这份问卷，是一份学术性问卷，是国家自然科学基金项目的组成部分。本问卷填写采用无记名方式，答案无对错之分，所有资料仅供学术研究之用。希望能够借助您在业界工作的经验，支持学术上的观点，从而得出具有指导意义的研究报告。若您需要本研究成果摘要，请提供个人通信资料，以便本研究完成后及时反馈。

我们郑重承诺，您对本问卷中的所有回答都将严格保密，分析的结果将是结论性质的报告，不会泄漏任何人的个人回答。本次调查的结果不会用于任何形式的个人表现评价，因此请您放心回答，并请提供真实有效的信息。您的几分钟的帮忙，将是本研究成功完成的关键。衷心感谢您的合作与支持！

此致
敬礼！

西安电子科技大学经济与管理学院

一、基本资料

1. 贵企业的资本规模为_____万元
2. 贵企业成立于_____年,您在贵企业工作已经有_____年
3. 您在贵企业的职务是:

□高层管理者　　　　　□中层管理者

□基层管理者　　　　　□普通职员

4. 您的学历是:

□硕士及以上　　　□本科　　　　　□大专

□高中/中专　　　　□初中及以下

二、相关问题选项:

问题一:知识权力分布

对于以下问题,您的意见是:1-完全不同意;2-基本不同意;3-态度中立;4-基本同意;5-完全同意	完全不同意	基本不同意	态度中立	基本同意	完全同意
Q1:从合作中获得的知识资源,我们无法使用其他知识资源来替代	1	2	3	4	5
Q2:从合作中获得的知识资源,具有很强的专用性	1	2	3	4	5
Q3:从合作中获得的知识资源,通过合作之外的其他途径获得,将付出很大的代价	1	2	3	4	5
Q4:从合作中获得的知识资源,是我们迫切需要的或改善了我们的发展前景	1	2	3	4	5
Q5:在合作的过程中,合作双方存在大量的协调工作	1	2	3	4	5
Q6:在合作过程中,由于知识差异造成的关系或地位的不对等是正常的	1	2	3	4	5
Q7:在合作创新过程中,权力大的伙伴提出要求是正常的	1	2	3	4	5

续表

对于以下问题，您的意见是：1-完全不同意；2-基本不同意；3-态度中立；4-基本同意；5-完全同意	完全不同意	基本不同意	态度中立	基本同意	完全同意
Q8：网络合作中不需要我们过多思考是我们乐意接受的	1	2	3	4	5
Q9：与掌握核心知识的伙伴保持一致对于提高合作效率非常重要	1	2	3	4	5
Q10：权力小的一方应该服从权力大的一方	1	2	3	4	5
Q11：应该尊重掌握核心资源的合作伙伴	1	2	3	4	5

问题二：网络治理方式

对于以下问题，您的意见是：1-完全不同意；2-基本不同意；3-态度中立；4-基本同意；5-完全同意	完全不同意	基本不同意	态度中立	基本同意	完全同意
Q12：我们常提出合同之外的要求而对方也会遵从/对方常提出合同之外的要求而我们也会遵从	1	2	3	4	5
Q13：如果不按我们要求去做，对方就得不到我们的优待/如果不按对方要求去做，我们就得不到对方的优待	1	2	3	4	5
Q14：听从我们的要求，可以避免遇到其他人遇到的困难/听从对方的要求，我们可以避免遇到其他人遇到的困难	1	2	3	4	5
Q15：我们经常暗示对方如不遵从则会受到某种惩罚（提高价格、降低合作等）/对方经常暗示我们如不遵从则会受到某种惩罚（提高价格、降低合作等）	1	2	3	4	5
Q16：我们经常对对方发出指令/对方经常对我们发号施令	1	2	3	4	5
Q17：我们有能力向对方提出恰当的建议/我们相信对方有能力提出恰当的建议	1	2	3	4	5
Q18：我们经常努力说服对方接受我们的建议/对方经常努力说服我们接受他们的建议	1	2	3	4	5
Q19：我们掌握更多的市场信息，可以引领创新活动/对方掌握更多的市场信息，可以引领创新活动	1	2	3	4	5
Q20：我们经常主动将有用的信息传递给对方/对方经常主动将他们认为有用的信息传递给我们	1	2	3	4	5

问题三：网络治理目标

对于以下问题，您的意见是：1-完全不同意；2-基本不同意；3-态度中立；4-基本同意；5-完全同意	完全不同意	基本不同意	态度中立	基本同意	完全同意
Q21：我们的员工与合作伙伴的同事们经常在一起讨论问题	1	2	3	4	5
Q22：我们非常热衷于交流彼此之间的观点	1	2	3	4	5
Q23：我们可以没有障碍地分享彼此的研发成果	1	2	3	4	5
Q24：我们会将合作创新相关的工作内容备案，并提供给合作伙伴	1	2	3	4	5
Q25：我们和合作伙伴经常就技术问题进行讨论	1	2	3	4	5
Q26：提供自己企业的知识与合作伙伴共享对彼此都是有益的	1	2	3	4	5
Q27：未经允许合作伙伴不会获得过多的知识资源	1	2	3	4	5
Q28：合作伙伴不会采取许可之外的手段获取我们不愿意共享的知识	1	2	3	4	5
Q29：合作伙伴不会试图在人际交往中探察合约以外的知识	1	2	3	4	5
Q30：将我们的关键技能和知识暴露给合作伙伴不会造成知识外泄给非网络成员	1	2	3	4	5
Q31：合作伙伴会按照彼此合作约定将其技能和知识转移给我们	1	2	3	4	5
Q32：我们不担心合作伙伴在知识分享上厚此薄彼	1	2	3	4	5
Q33：合作伙伴不会刻意隐瞒某些研发事实真相	1	2	3	4	5
Q34：每一个合作伙伴均会自觉履行保密义务	1	2	3	4	5
Q35：我们很少与合作伙伴间产生技术创新成果分享方面的争议	1	2	3	4	5
Q36：我们的合作关系能够长期持续	1	2	3	4	5
Q37：更换合作伙伴对我们而言代价巨大	1	2	3	4	5
Q38：只有和我们的伙伴共同努力才能实现我们的战略目标	1	2	3	4	5
Q39：我们和合作伙伴的关系总体上是融洽的	1	2	3	4	5
Q40：双方不仅形成了良好的合作研发关系，也形成了良好的个人关系	1	2	3	4	5

问题四：组织间信任

对于以下问题，您的意见是：1-完全不同意；2-基本不同意；3-态度中立；4-基本同意；5-完全同意	完全不同意	基本不同意	态度中立	基本同意	完全同意
Q41：我们能够与合作伙伴自由地分享想法、感受和希望	1	2	3	4	5
Q42：我们如果告诉合作伙伴所遇到的问题，他们会给我提供建议并向我表示关心	1	2	3	4	5
Q43：我们能够与合作伙伴自由地谈论在工作中遇到的困难，并且知道他们愿意倾听	1	2	3	4	5
Q44：合作伙伴倾向于在工作关系中投入大量的感情	1	2	3	4	5
Q45：合作伙伴认真对待团队工作的人	1	2	3	4	5
Q46：合作伙伴愿意为团队工作做出重要的贡献	1	2	3	4	5
Q47：我们可以信赖合作伙伴去完成合作过程中主要部分的工作	1	2	3	4	5